Elke Ottensmann

Aus Opas Federhalter und Omas Handtasche

SCM
Hänssler

SCM

Stiftung Christliche Medien

SCM Hänssler ist ein Imprint der SCM Verlagsgruppe, die zur Stiftung Christliche Medien gehört, einer gemeinnützigen Stiftung, die sich für die Förderung und Verbreitung christlicher Bücher, Zeitschriften, Filme und Musik einsetzt.

MIX
Papier aus verantwortungsvollen Quellen
FSC® C014496
FSC www.fsc.org

Max-Eyth-Straße 41 · 71088 Holzgerlingen
Internet: www.scm-haenssler.de; E-Mail: info@scm-haenssler.de

Umschlaggestaltung: Jens Vogelsang, Aachen
Bilder im Bildteil: Elke Ottensmann, privat
Titelbild: fotolia.com, © ischoenrock
Satz: typoscript GmbH, Walddorfhäslach
Druck und Bindung: GGP Media GmbH, Pößneck
Gedruckt in Deutschland
ISBN 978-3-7751-5845-9
Bestell-Nr. 395.845

Ein herzliches Dankeschön dir, lieber Christoph, für deine unzähligen Stunden des Sortierens, Abfotografierens und Sammelns von Aufschriften, Fotos und anderen Dingen aus dem Kämmerchen.

Genauso danke ich unseren Vätern – den Zwillingen Werner und Reinhard, die manche Lücke der Vergangenheit mit ihren Erzählungen schließen konnten. Danke auch für das Lesen des Manuskripts und natürlich für eure Zustimmung zur Veröffentlichung.

Ebenfalls sehr dankbar bin ich denjenigen Menschen, die während des Schreibens für mich gebetet haben. Vor allem danke ich dir, lieber Roland, dass du von Anfang an im Gebet hinter mir gestanden hast. Ich zitiere hierzu meinen Großvater: *Die Fürbitte im Gebet ist ein herrlicher, wichtiger Dienst, an dem wir alle teilhaben können.*

Anmerkungen:
Die meisten Namen von Personen, die nicht zur Familie gehören, sind geändert.

Am Ende des Buches sind für alle ehemaligen deutschen Ortsnamen die heutigen polnischen angegeben.

Inhalt

Vorwort

Wertvoller als Gold und Edelsteine – Wie dieses Buch zustande kam

Als mein Cousin Christoph vor etwa drei Jahren das kleine, unscheinbare Türchen unter der Dachschräge seines Elternhauses öffnete, ahnte noch niemand, welche Schätze dort seit Jahrzehnten unberührt in der Dunkelheit der Dachkammer lagen.

Mit einer Taschenlampe in der Hand brachte er erst einmal Licht in das Dunkel und war erstaunt über die Vielzahl an Fotoalben, Tagebüchern und zahlreichen anderen Dokumenten, die fein säuberlich geordnet geduldig darauf warteten, ans Tageslicht befördert zu werden. Auch die Handtasche aus dunkelblauem Leder meiner Großmutter lag noch dort.

Wir wussten zwar, dass unser Großvater Arthur Tagebuch geführt hatte und dass unsere Großmutter Johanna ihre alte Handtasche stets wie ihren Augapfel gehütet hatte – doch niemand sonst in der Familie hatte jemals einen Blick auf diese Dinge geworfen.

Und so wurde im Laufe der folgenden Wochen und Monate das kleine Türchen in der Dachkammer für uns zu einem Tor in eine andere Welt. Ich begann damit, die Aufschriebe meines Großvaters zu lesen, was zunächst nicht einfach war, denn ein Großteil war in deutscher Schrift geschrieben. Doch mit der Zeit lernte ich, diese Schrift zu entziffern, und begann, die Texte abzutippen. Dabei merkte ich, dass mein Großvater den heimlichen Wunsch gehegt hatte, mit seinen Schilderungen der Nachwelt ein Vermächtnis zu machen. Und so wurde es spannend.

Schnell stellte ich außerdem fest, dass Arthur uns etwas Großartiges vermacht hatte. Vor mir lagen seitenweise Schilderungen aus erster Hand – historische Ereignisse, manche davon weltbewegend, aber auch vieles aus dem persönlichen Leben der Familie. Die Idee, aus diesem wertvollen Material ein Buch zu schreiben, begann sich schon bald in mir zu formen.

Auch die geheimnisvolle, prall gefüllte Handtasche meiner Großmutter entpuppte sich als eine wahre Fundgrube. Wir staunten darüber, was alles aus dieser Tasche zum Vorschein kam. Zahlreiche Fotos, stapelweise Feldpost aus den Jahren 1944/45, Zeugnisse von Johanna sowie viele Gedichte, die Arthur für sie geschrieben hatte, ergänzten auf wunderbare Weise die Aufschriften meines Großvaters.

Immer wieder erwähnte Arthur in seinen Tagebüchern, dass er selbst gerne Schriftsteller geworden wäre. Doch das wurde er nicht, und sein großer Traum, Lehrer zu werden, wurde ebenfalls nicht wahr. Auch füllte er keine Theatersäle, war kein gefeierter Schauspieler oder Musiker. Die allermeisten Menschen wissen nicht einmal, dass es ihn überhaupt gab. Aber er stand 80 Jahre lang auf der großen Bühne des Lebens, ohne jemals viel Worte gemacht zu haben. Im Stillen vertraute er sich seinen Tagebüchern an und schrieb sich alles von der Seele.

Obwohl er viele Gründe gehabt hätte, verbittert auf sein Leben zurückzublicken, tat er es nicht. Im Gegenteil. Kurz vor seinem Ableben schrieb er zufrieden in sein Tagebuch: *Ich habe mein Leben gut gelebt.*

Auch hätte er viele Gelegenheiten gehabt, Böses mit Bösem zu vergelten, doch er suchte stattdessen Wege, um Frieden zu stiften und Liebe zu üben und lebte vielleicht sogar unbewusst vor, was es heißt, wenn Jesus sagt: *Lass dich nicht vom Bösen überwinden, sondern überwinde das Böse mit Gutem* (Römer 12,21).

Als während und nach dem Zweiten Weltkrieg jahrelang das Böse die Macht ausübte und Arthur selbst völlig wehrlos dagegen war, vertraute er gemeinsam mit seiner Frau Johanna auf die eine Macht, die höher ist als alle menschliche Kraft – und erlebte wahre Wunder.

Ich verneige mich vor meinem Großvater, der mir während der Zeit des Schreibens immer wieder zeigte, dass es sich lohnt, den guten Kampf des Glaubens zu kämpfen, und dass man nie aufgeben soll, selbst wenn die Lage völlig aussichtslos erscheint. Außerdem zeigt sein Leben, dass ungünstige Voraussetzungen nicht automatisch bedeuten, dass man zum Scheitern verurteilt ist. So wurde er trotz des fehlenden leiblichen Vaters und trotz des negativen Beispiels seines Stiefvaters später zu einem liebevollen Ehemann und Vater.

Mögen alle, die dieses Buch lesen – egal, ob auf irgendeine Art mit Schlesien verbunden oder nicht –, auch in ihrem Leben etwas von der Liebe, dem Glauben und der Hoffnung spüren, wovon Arthur und Johanna ihr Leben lang getragen waren.

Schlesische Wurzeln

Noch war alles still auf dem alten Bauernhof. Der Vollmond am sternenklaren Himmel tauchte die tief verschneite Landschaft in schemenhaftes Licht. Es war bitterkalt. Der Weg zum Hof war gerade genug erhellt, um eine bis zur Nasenspitze verhüllte Gestalt dunkel erkennen zu lassen, die mit einer schwarzen Tasche in der Hand zur Eingangstür huschte. Der gefrorene Schnee knirschte unter ihren dicken Stiefeln. Ein rotes Wolltuch schützte ihren Kopf vor der klirrenden Kälte. Die Tür des Bauernhofes war nicht verschlossen, und die Person verschaffte sich selbst Eingang, indem sie die schwere Klinke herunterdrückte. Schnell schlüpfte sie ins Haus und ließ die Tür hinter sich ins Schloss fallen. Dann war alles wieder still.

In der einsetzenden Morgendämmerung erhellte sich der Himmel allmählich. Die aufgehende Sonne verwandelte den gefrorenen Schnee um den Bauernhof herum in eine eisige Glitzerlandschaft. Gerade als der Hahn laut krähend den neuen Tag ankündigte, ertönte in der kleinen, von einer Petroleumlampe erhellten Stube des Bauernhofes ebenfalls ein Schrei. Nicht ganz so durchdringend wie der des Hahns, jedoch ebenso aus vollem Halse. Als der letzte Hahnenschrei verklungen war, legte die Hebamme ein Baby in die Arme seiner Mutter, die erschöpft, aber glücklich im Bett lag. »Herzlichen Glückwunsch, Anna. Du hast einen kräftigen, gesunden Jungen zur Welt gebracht. Da wird sich euer Fritz aber freuen, dass er einen kleinen Bruder bekommen hat.«

Willkommen, kleiner Alfred

Nachdem die Hebamme das Neugeborene abgenabelt, untersucht und gebadet hatte, nahm sie noch einen kräftigen Schluck aus der für sie bereitgestellten Tasse. Diese stand zum Warmhalten neben einer weiteren Tasse in der Ofenröhre des Kohleofens, wo auch das Badewasser für das Baby aufgewärmt worden war.

Noch einmal vergewisserte sie sich, dass Mutter und Kind wohlauf waren. Dann packte sie ihr Hörrohr und die anderen Utensilien in ihre Tasche und verabschiedete sich mit den Worten: »Wollen wir hoffen, dass dieser kleine Kerl es seinem Bruder nachmacht und leben darf. Seinen beiden Schwestern vor ihm war dies ja leider nicht vergönnt. Heinrich wird Augen machen, wenn er nachher von der Arbeit heimkommt. Grüß ihn schön von mir und ruh dich aus. Ich sehe morgen wieder nach dir.« Sie schlüpfte in die dicken Stiefel, hüllte sich in ihren Wintermantel und wickelte das rote Wolltuch um den Kopf. Mit der schwarzen Tasche in der Hand verließ sie den Bauernhof, um durch den knirschenden Schnee nach Hause zu eilen und den verlorenen Schlaf der Nacht nachzuholen.

Anna hielt ihr Baby im Arm und blickte es zärtlich an: »Willkommen, kleiner Alfred. Dein Papa und ich haben uns schon vor deiner Geburt auf diesen Namen geeinigt für den Fall, dass du ein Junge bist. Dein Papa kommt bald heim, er muss noch ein bisschen arbeiten.«

Klein Alfred wurde in eine Bergarbeiterfamilie hineingeboren, die auf dem Bauernhof eines Gutsbesitzers eine kleine Wohnung gemietet hatte. Diese Wohnung bestand aus einer Stube und einem kleinen Vorraum, der als Küche diente. Die Stube war gleichzeitig Wohnzimmer und Schlafraum für die ganze Familie. Ein separates Schlafzimmer für die Eltern oder gar eigene Zimmer für die Kinder gab es nicht. In einer Ecke der Stube stand der Kohleofen, mit dem der Wohnraum beheizt wurde. In der Ofenröhre konnten Wasser und andere Flüssigkeiten erhitzt werden. Ganz nach Brauch standen an jenem Donnerstagmorgen zwei Tassen mit angewärmten Getränken in der Röhre. Die eine Tasse war mit Branntwein gefüllt, die andere enthielt Zuckerwasser. Während der Geburtsstunden hatte der Branntwein sowohl der angehenden Mutter als auch der Hebamme zwischendurch zur Stärkung gedient. Die Tasse mit dem Zuckerwasser war für das Baby bestimmt.

Kurz nachdem die Hebamme den Hof verlassen hatte, kehrte Heinrich von seiner Nachtschicht in der Kohlegrube heim. Erst dann erfuhr er von seinem neuen Vaterglück. Nachdem er sich den Kohlestaub abgewaschen und seinen kleinen Sohn begutachtet hatte, wollte er sich nach der langen, anstrengenden Nachtarbeit schlafen legen. Doch mittlerweile schrie der Säugling wieder aus vollem Halse. Anna bat ihren Mann, den bereits vorhandenen Schnuller in die mit Zuckerwasser gefüllte Tasse zu tunken und ihn dann seinem Sohn in den Mund zu stecken. Auch das war damals so üblich.

Heinrich ging zur Ofenröhre und tauchte den Schnuller wie geheißen in die Tasse. Um endlich seine Ruhe zu haben, steckte er ihn dem schreienden Baby in den Mund. Augenblicklich wurde es still. Doch nur für einen kurzen Moment. Sekunden später hörten die Eltern, wie ihr kleiner Sohn wimmerte und nach Luft schnappte. Erschrocken riss Anna ihrem Baby den Schnuller aus dem Mund und schnupperte daran. Ihre Vermutung bestätigte sich: der Schnuller roch nach

Branntwein. In seiner Aufregung hatte der Vater die Tassen verwechselt und den Schnuller aus Versehen mit Branntwein statt mit Zuckerwasser getränkt. Als später die Mutter ihrem Sohn erzählte, dass er bereits in den ersten Stunden seines Daseins Bekanntschaft mit Alkohol gemacht hatte, meinte er schmunzelnd, er sei offensichtlich mit seinen 3200 Gramm kräftig genug gewesen, um diese erste »Begegnung mit des Teufels Engel« zu überstehen.

So begann das bewegte Leben meines Großvaters, geboren am 11. Januar 1900.

Aus Alfred wird Arthur

Alfreds Vater Heinrich war stolz darauf, seine Militärzeit unter Kaiser Wilhelm II. absolviert zu haben. Nach seiner Dienstzeit kehrte er wenige Jahre vor der Jahrhundertwende in seinen Heimatort Weißstein[1] ganz in der Nähe von Waldenburg[2] in Schlesien zurück und wurde Bergmann in der Steinkohlegewinnung. Nach seiner Lehrzeit arbeitete er als Schlepper, Lehrhauer und schließlich Vollhauer in der Grube.

Als Bergbauarbeiter, der im Deutschen Reich gedient hatte, zollte man ihm mehr Respekt als denjenigen, die dem Vaterland nicht gedient hatten. Gedienter Gardemann zu sein, war für Heinrich äußerst wichtig, und er legte großen Wert darauf, dies nicht in Vergessenheit geraten zu lassen. In Erinnerung an seinen Dienst beim Alexander-Garderegiment in Berlin hatte er deswegen seinem ersten Sohn Fritz den Mittelnamen Alexander gegeben.

Als Heinrich drei Tage nach Alfreds Geburt dienstfrei hatte, machte er sich auf den Weg zum Rathaus, um sein Söhnchen amtlich anzumelden. Auf dem Meldeamt traf er einen Bekannten aus dem Dorf und erfuhr, dass auch er kürzlich Vater eines kleinen Sohnes geworden war. Dieser Bekannte war ein einfacher Fabrikarbeiter. Neugierig fragte Heinrich den frischgebackenen Vater: »Wie soll der Kleine denn heißen?« Als er hörte, dass der Fabrikarbeiter seinem Sohn den Namen Arthur geben wollte, überlegte er: »Arthur, das ist ein seltener Name. Alfred hingegen gibt es wie Sand am Meer. Und wenn dieser einfache Arbeiter seinen Sohn Arthur nennen kann, dann kann ich es als gedienter Gardemann und angesehener Bergmann erst recht.« Wieder einmal gewann sein Stolz die Oberhand, und kurz entschlossen meldete er seinen neugeborenen Sohn mit dem Vornamen Arthur an. Als er nach Hause kam, freute sich seine Frau: »Nun ist es amtlich, und unser kleiner Alfred trägt seinen Namen auch auf dem Papier.« Heinrich sah sie zuerst etwas verlegen an, doch dann wurde seine

Miene trotzig. Wohl eher unwillkürlich nahm er plötzlich eine stramme Haltung ein und bellte wie ein Feldwebel los: »Arthur. Er heißt Arthur.« Das Einzige, was noch fehlte, war, dass er dabei salutierte. Anna blieb wohl oder übel nichts anderes übrig, als sich an die Namensänderung zu gewöhnen und sie zu akzeptieren. Denn selbst wenn Heinrich sich reuig gezeigt hätte, wäre eine Änderung des Vornamens vonseiten des Amtes nicht mehr möglich gewesen. So wurde also drei Tage nach seiner Geburt aus dem kleinen Alfred ein kleiner Arthur.

Arthur wuchs und gedieh. Während der Vater seiner Arbeit im Bergbau nachging, blieb der Junge mit seinem drei Jahre älteren Bruder Fritz unter der liebevollen Obhut seiner Mutter in der Stube auf dem Bauernhof. Anna besserte den kärglichen Lohn ihres Mannes etwas auf, indem sie von zu Hause aus für andere Leute Näharbeiten erledigte. Wenn der Vater nach seiner zehnstündigen Schicht unter Tage heimkam, sorgte die Mutter dafür, dass er die nötige Ruhe hatte, und beschäftigte die Kinder so gut wie möglich. Bei schönem Wetter waren sie viel draußen, und die Tiere des Hofes boten manche Abwechslung. Heinrich jedoch hielt sich von den Ställen fern; er empfand es unter seiner Würde, sich als gedienter Gardemann diesen auch nur zu nähern. Als Anna ihm einmal vorschlug, seinen Kindern die Kühe im Stall zu zeigen, wehrte er entrüstet ab: »Ich soll in den Kuhstall gehen? Das kommt gar nicht infrage. Wer seinem Vaterland so treu und gehorsam gedient hat wie ich, hat es nicht nötig, sich in einem stinkenden Stall von Rindviechern beglotzen zu lassen.«

Nun hätte das Glück der vierköpfigen Familie eigentlich perfekt sein können. Der Vater hatte ein regelmäßiges Einkommen, die beiden Jungen waren gesund und munter, und die Mutter arbeitete fleißig, um ihre Familie zu versorgen. Ihr Leben war zwar bescheiden, aber sie hatten ein Dach über dem Kopf, genug zu essen und anzuziehen. Doch dann trat ein Ereignis ein, das für alle vier die Lebenswege für immer in andere Bahnen lenkte.

Der Schuss geht nach hinten los

An einem grauen, verregneten Nachmittag im April zerriss plötzlich ein ohrenbetäubender Knall die sonntägliche Stille auf dem Bauernhof, sodass die Hühner auf dem Hof verschreckt gackernd auseinanderstoben. Kurze Zeit später sah Hilde, die Bauersfrau, wie Heinrich mit einem Revolver in der Hand auf den Hof gerannt kam und in Richtung Bergwerk lief. Erschrocken eilte Hilde die Treppe hinauf in die Stube, wo sie Anna zusammengesackt auf einem Stuhl fand. Zu ihrer großen

Erleichterung stellte die Bauersfrau schnell fest, dass Anna unversehrt war, und erfuhr von ihr, dass Heinrich auf sie geschossen hatte. Zum Glück für Anna hatte aber seine Hand dabei so stark gezittert, dass der Schuss an ihr vorbei in die Wand gegangen war. Fritz und Arthur waren nicht zu Hause, sie verbrachten den Tag bei ihren Großeltern. Entsetzt fragte Hilde: »Anna, warum um alles in der Welt wollte Heinrich dich erschießen?« Anna begann stockend, ihr zu erzählen: »Ich habe ihm vorhin eröffnet, dass ich die Scheidung eingereicht habe. Nun wollte er mit Gewalt verhindern, dass wir uns trennen. Ach Hilde, eigentlich will ich mich ja auch gar nicht von ihm scheiden lassen, aber meine Eltern und Verwandten setzen mich seit Wochen so unter Druck, dass ich ihnen nun nachgegeben habe.« Hildes Augen wurden immer größer, als Anna den Grund dafür erzählte. Heinrich hatte seine Frau schon längere Zeit betrogen, und aus dieser Beziehung war ein kleines Mädchen hervorgegangen. Das alleine wäre für Anna jedoch kein Anlass gewesen, sich von ihrem Mann zu trennen. Schließlich liebte sie ihn doch und war gewillt, ihm seinen Fehltritt zu verzeihen. Aber die Schande für ihre Familie war groß, und Annas Eltern verlangten die Scheidung und somit die Trennung von dem Mann, der diese Schmach über sie alle gebracht hatte. Nach langem Zögern hatte sie sich an jenem Sonntagnachmittag schweren Herzens dazu durchgerungen, ihrem Mann mitzuteilen, dass sie sich von ihm trennen würde. Damit nahm die eheliche Lebensbahn von Anna und Heinrich ein abruptes Ende, obwohl keiner von beiden dies eigentlich wollte. Die Ehe wurde im November 1902 geschieden.

Für Heinrich war dieser Schuss in jeder Hinsicht nach hinten losgegangen. Auf Bitten von Anna wurde er zwar nicht des Mordversuches angeklagt, wurde aber gerichtlich dazu verurteilt, für jeden seiner Söhne monatlich Alimente in Höhe von 10 Goldmark zu zahlen. Das war die übliche Währung des Deutschen Reiches von 1871 bis 1914.

Die beiden Jungen wurden selbstverständlich ihrer Mutter zugesprochen, und Heinrich verlor jegliche Vaterschaftsrechte. Geächtet von Familie und Dorfbewohnern, verließ er an einem grauen Januartag schließlich seinen Heimatort Weißstein. Er zog von Schlesien nach Westfalen, wo er die Frau heiratete, mit der er Ehebruch begangen hatte. Bei dem westfälischen Bergwerk fand er zwar eine neue Anstellung, doch Frieden in seinem Herzen fand er nicht mehr. Von einem gemeinsamen Bekannten erfuhr Anna einige Jahre später, dass Heinrich seinen Fehltritt bitter bereute.

Einzug in ein neues Heim

Für Anna und die beiden Jungen ging das Leben in ihrem Heimatdorf zwar weiter, doch auch sie konnten nicht auf dem Bauernhof bleiben. Für die Miete der kleinen Wohnung reichte das Geld nicht. Außer den 20 Mark Alimente von Heinrich gab es für Anna keine Unterhaltshilfe.

Sie war nun alleinerziehend und ohne geregeltes Einkommen. Es lag nahe, dass sie mit ihren Söhnen, die inzwischen drei und sechs Jahre alt waren, nach der Trennung von ihrem Mann zurück zu ihren Eltern zog. Fritz und Arthur bekümmerte das wenig, dazu waren sie noch zu klein. Mit ihren Großeltern waren sie vertraut, und sie fühlten sich in deren Wohnung schnell zu Hause. Wie sie es vom Bauernhaus nicht anders kannten, gab es auch hier eine Stube mit einer kleinen angrenzenden Kammer. Großvater Gustav und Großmutter Ernestine hatten in diesen Wohnungsverhältnissen bereits ihre fünf Kinder großgezogen. Ernestine war im ganzen Dorf bekannt und beliebt. Sie hatte stets ein offenes Ohr für die kleinen und großen Nöte ihrer Mitmenschen. Für sie war es selbstverständlich, ihre Tochter und die beiden Enkelsöhne aufzunehmen. Großvater Gustav hingegen war nicht sehr begeistert davon, und nur widerstrebend willigte er ein, als seine Frau ihn darum bat.

Ernestine war eine tiefgläubige Frau, die Arthur für den Rest seines Lebens prägen sollte. Später sagte er über sie: »Sie war ein Mensch, so voller Gottesglauben und Zuversicht, aber auch reger Hilfsbereitschaft, wie nur ein überzeugter Christ es haben kann. Ihr freundliches, gütiges Wesen strahlte auch ohne viele Worte die Liebe Gottes aus.«

Leider waren es nur zwei Jahre, die Ernestine noch mit ihrer Familie vergönnt waren, nachdem Anna mit ihren Söhnen eingezogen war. Doch Zeit genug, um Arthur und seinem Bruder Fritz das Samenkorn des Glaubens in ihr Herz zu legen, das sie ihr ganzes Leben lang tragen würde. Ernestine starb im Alter von 54 Jahren an einem Magenleiden. Noch kurz vor ihrem Tod strahlte sie einen tiefen Frieden aus in der Zuversicht auf Jesu Worte kurz vor seinem eigenen Tod: *Was ich tue, das verstehst du jetzt nicht; du wirst es aber hernach erfahren* (Johannes 13,7).

Das Bild des langen Trauerzuges bei der Beerdigung seiner Großmutter war für den fünfjährigen Arthur so eindrücklich, dass er sich noch im hohen Alter daran erinnerte. Ernestine war nicht reich an Gütern gewesen, doch reich an Liebe und Barmherzigkeit. Und diesen Schatz hatte sie mit vielen Menschen geteilt.

Mit seinen fünf Jahren war Arthur nicht bewusst, was dieser Schicksalsschlag für seine Mutter und seinen

Großvater bedeutete. Das Bett seiner Großmutter war nun sozusagen frei geworden und er freute sich darüber, dass er jetzt sein eigenes Bett bekam, nachdem er sich die letzten beiden Jahre ein Bett mit seinem Bruder Fritz geteilt hatte.

Der Alltag

Die gute Seele des Hauses war nun nicht mehr da, und Anna übernahm die Haushaltsführung. Mit ihrer Nähmaschine versuchte sie, die spärliche Haushaltskasse etwas aufzubessern, indem sie für ihre Nachbarn und Bekannten Kleider nähte oder ausbesserte. Doch es reichte kaum, um für sich und die beiden Jungen den notwendigen Unterhalt zu verdienen. Die dem Vater auferlegten monatlichen 20 Goldmark gingen nur unregelmäßig ein. Doch wenn der Briefträger kam und Anna entweder ein 20-Mark-Goldstück oder zwei 10-Mark-Goldstücke brachte, wurde dieser Tag für sie und ihre Jungen zu einem Festtag. Dann durften Fritz und Arthur beim Dorfbäcker sogenannte »Sechserstücke« kaufen, das waren sechs Stück Gebäck für 25 Pfennig. Dieses einfache Gebäck war für die Familie ein Hochgenuss, denn vom Bäcker holten sie sonst nie etwas. Der monatliche Gang dorthin war für sie purer

Luxus. Gekauft wurde überhaupt nur das Allernötigste, alles andere wurde entweder selbst hergestellt oder man musste ganz darauf verzichten.

Großvater Gustav war auch Bergmann. An jedem 15. des Monats erhielten die im Bergbau tätigen Arbeiter ihren Lohn. Und dieser Tag wurde zum zweiten Festtag im Monat für Arthur und seine Familie, denn dann gab es zu dem üblichen trockenen Brot ein Stück Wurst für jeden. Darauf freuten sie sich den ganzen Monat.

Worüber Arthur sich aber gar nicht freute, war die allwöchentliche Karottensuppe, die jeden Mittwoch auf dem Mittagstisch stand. Als er wieder einmal seinen Löffel nicht anrührte, weil er die Suppe nicht essen wollte, schlug ihm sein Großvater kurzerhand mit dem Löffel auf die Finger. Der Teller musste leer gegessen werden. Jahre später erzählte Arthur verschmitzt lächelnd: »Die Suppe habe ich zwar dann widerwillig gegessen, meine Abneigung gegen dieses Gericht hat Großvater mir aber nicht austreiben können. Auch heute noch meide ich nach Möglichkeit Karottensuppe.«

Arthur und Fritz fühlten sich im Hause des Großvaters geborgen. Für die beiden Jungen war es normal, mit ihrer Mutter und ihrem Großvater unter einem Dach zu leben. Der Großvater hatte ganz selbstverständlich die Vaterrolle übernommen. Gemeinsam von ihm und ihrer

Mutter bekamen die Brüder eine gesunde Mischung aus Liebe und Strenge.

Sowohl Anna als auch Gustav verlangten von ihnen Ordnung, Gehorsam und Mithilfe im Haushalt. Von klein auf lernten die Buben, Geschirr abzuwaschen, im Schuppen das gehackte Holz zu stapeln und den Ofen anzuheizen. Jeden Samstagabend hatten Fritz und Arthur die Aufgabe, Schuhe zu putzen, sowohl die eigenen als auch die des Großvaters und der Mutter.

Für Gustav war Pflichterfüllung oberstes Gebot, wozu er auch seine Enkelsöhne anhielt. Der preußische Drill steckte noch in seinen Knochen, denn auch er hatte in jungen Jahren als Soldat im Militär gedient. Streng achtete er darauf, dass die beiden ihre Aufgaben pünktlich und ordentlich ausführten. War das nicht der Fall, bekamen sie es von ihm zu hören und mitunter auch zu spüren. Erst wenn die Arbeit zu seiner Zufriedenheit getan war, durften sie nach draußen gehen, um mit ihren Freunden zu spielen. Rückblickend erkannte Arthur: *So ungern wir als Kinder auch manche der uns aufgetragenen Arbeiten verrichteten, war die konsequente Strenge doch die Grundlage für unser späteres Fortkommen.*

Festtage

Auf die Geburtstage der Kinder wurde kein großer Wert gelegt. Geschenke gab es, wenn überhaupt, nur wenige. Arthur freute sich, wenn er zu seinem Geburtstag etwas Obst oder ein Paar von der Mutter selbst gestrickte Strümpfe bekam. An eine Kindergeburtstagsfeier mit Freunden war gar nicht erst zu denken. Die drei großen Feste der Christenheit hingegen wurden hoch in Ehren gehalten: Weihnachten, Ostern und Pfingsten. An diesen Feiertagen gab es als Festessen zum Mittagessen Koteletts. Und wenn die Mutter noch einen Streuselkuchen oder Mohnsemmeln zum Nachtisch gebacken hatte, war das Glück für Fritz und Arthur vollkommen.

Doch der absolute Höhepunkt im Jahr war der Geburtstag des Großvaters am 21. Oktober. Dieser Festtag war Anlass für eine der seltenen Familienfeiern. Dann kamen Annas drei Brüder mit ihren Frauen, und alle versammelten sich in der Stube des Großvaters. Auf dieses alljährliche Fest freuten sich Arthur und sein Bruder Fritz schon wochenlang vorher. Zur Feier des Tages gab es selbst gebackenen Mohnkuchen von der Mutter und echten Bohnenkaffee. Und wenn dann am Abend nach einem aus Saitenwürstchen und Kartoffelsalat bestehenden Festessen alle satt und zufrieden waren, wurde es in der voll besetzten Stube so richtig gemütlich. Großvater Gustav holte seine Akkord-Zither hervor und Onkel August rief fröhlich in die Runde: »Nun lasst uns singen!« August, der jüngste Bruder von Anna, kannte sowohl die altbekannten Volkslieder als auch die neuesten Schlager.

Kaum hatte Onkel August das erste Lied angestimmt, begleitete der Großvater die Melodie auf seiner Zither. Einer nach dem anderen stimmte mit ein. Begonnen wurde mit Deutschlandliedern, um dem Vaterland und seinem Kaiser Respekt zu zollen: »Der Kaiser ist ein lieber Mann«, »O Deutschland, hoch in Ehren«. Beliebt waren auch Soldatenlieder: »Was hört man Neues vom Kriege«, »Der gute Kamerad« oder »Muss i denn zum Städtele hinaus«, gefolgt von Liedern, deren Texte die aktuellen Themen der Zeit widerspiegelten. Sie erzählten davon, was die Menschen tagtäglich beschäftigte und bewegte. Dabei ging es um das Bergmannsleben, die Freiheit, das Auswandern und die Sehnsucht auf ein besseres Leben überhaupt: »Gottlob, nun ist vorbei die Schicht, Glück auf!«, »Ade, du teures Vaterland, es winkt zum Abschied unsre Hand« oder »Auf ihr Brüder lasst uns wallen fröhlich nach Amerika«.

Die Musik zog alle gleichermaßen in ihren Bann, und die Jüngsten in der Runde, nämlich Fritz und Arthur, hatten die Texte und Melodien schnell gelernt. Ein Lied folgte auf das andere. Die sentimentalen Melodien und

Texte waren eine willkommene Abwechslung zu dem sonst recht eintönigen und kargen Leben der Bergmannsfamilie.

Im Laufe des Abends wurden sie auch ganz ohne Alkohol immer lustiger, bis sie schließlich so schwungvolle Lieder wie »Das ist die Berliner Luft« und »Bolle reiste einst zu Pfingsten« trällerten. Die fröhliche Runde verabschiedete sich zu später Stunde mit einem Schlaflied für Arthur und Fritz, die inzwischen doch recht müde geworden waren, und sang für sie das Sandmännchen-Lied: »Die Blümelein, sie schlafen schon längst im Mondenschein, sie nicken mit dem Köpfchen auf ihren Stengelein.«

Viele der Melodien klangen Arthur noch im Ohr, als Jahrzehnte später in Radio und Fernsehen die modernen Schlager gespielt wurden. Er vermisste die vertrauten Lieder aus seiner Jugendzeit:

Diese Abende in Großvaters Stube vermittelten uns die Kenntnis manches Volksliedes, das auch heute noch lebt. Die Texte waren nach meiner Empfindung schöner als die heutigen sinnlosen Schlager. Was wir damals Musik nannten, war lebendiges Singen. Die sogenannte »Konsummusik« der Schallplatten, des späteren Radios und des Tonbandes gab es ja noch nicht. Einige Familien hatten höchstens einen Phonographen oder später ein

Grammophon, beide mit großen Trichtern als Schallverstärker. Für uns waren sie jedoch viel zu kostspielig.

Zucht und Ordnung

Im April 1906 wurde Arthur eingeschult und der Ernst des Lebens begann für ihn. Arthur erinnerte sich noch im hohen Alter daran:

Die Schulzeit begann für mich Ostern 1906. Ich war für diese Zeit nicht vorbereitet. Ich konnte keinen Buchstaben lesen, keine Zahl erkennen. Ich hatte keinen Kindergarten kennengelernt. Heute ist es ein Stolz für die Mutter, wenn ihr sechsjähriges Kind lesen oder ein Bild malen, ja auch ein Gedicht aufsagen kann. Meine Mutter hatte keine Zeit dazu, ihren Sprössling darauf vorzubereiten.

Mit Arthur wurden etwa 50 weitere Kinder eingeschult, die sich einen Klassensaal teilten. Zunächst ging die Sitzordnung der Größe nach: die Kleinen saßen vorne, die Größeren hinten. Staunend sah sich Klein Arthur am Anfang in seinem Klassenzimmer um. Der Raum war im wahrsten Sinne des Wortes kaiserlich, denn an der Wand hing das Porträt von Kaiser Wilhelm II., der milde lächelnd auf die Schüler herabschaute. Vom ersten Schultag an wurde den kleinen Abc-Schützen vom Lehrer eingetrichtert, dass es außerordentlich wichtig sei, dem Vaterland treu zu dienen.

Merkwürdig fand Arthur damals das Gefäß hinten auf dem Boden in der Ecke, das einem Fressnapf für Tiere ähnelte. Der Lehrer erklärte, dass es sich bei diesem Gefäß um einen Spucknapf handelte, in den jeder Schüler hineinspucken sollte, wenn er husten musste. Erst Jahre später verstand Arthur, dass Tuberkulose und andere ansteckende Krankheiten oft eine lebensbedrohliche Gefahr darstellten und man auf diese Art versuchte, Ansteckungen zu vermeiden. Ob das allerdings erfolgreich war, fand er eher fragwürdig.

In einem Schrank an der Wand wurden Schiefertafeln, Griffel und Tinte sowie ein Zeigestock und ein Wasserkrug für den Tafelschwamm aufbewahrt. Der Rohrstock zur Züchtigung stand stets griffbereit für den Lehrer in der Ecke.

Bereits wenige Wochen nach der Einschulung setzte der Lehrer seine Schüler um. Die neue Sitzordnung sollte für den Rest von Arthurs Schulzeit gelten: die Besten der Klasse saßen von nun an in der letzten Reihe, die schwächeren Schüler hatten ihre Plätze in den vorderen Bänken. Je schlechter ein Schüler war, desto näher war sein Sitzplatz am Lehrerpult. Gezählt wurden die Reihen der Schulbänke von hinten nach vorne, die erste Reihe war also ganz hinten. Arthur freute sich, als er sich nach kurzer Zeit in die hinterste Bank setzen durfte. Noch wusste er nicht, dass die sozialen Unterschiede auch vor der Schule keinen Halt machten und dass manche Lehrer die Kinder des Pfarrers oder die von Beamten bevorzugt behandelten. Auch ließ sich der eine oder andere Lehrer davon beeinflussen, wie die Kinder gekleidet waren. Das Kind eines Arbeiters in seiner ärmlichen Kleidung wurde im Ansehen weiter unten angesiedelt als das Kind, das aufgrund eines wohlhabenderen Vaters entsprechend besser gekleidet war. Doch davon spürte Arthur in den ersten Schuljahren nichts und saugte wie ein Schwamm alles Neue auf, was sein Lehrer den Schülern beibrachte. Der Lehrer thronte während des Unterrichts Respekt einflößend vorne auf seinem erhöhten Pult, von wo aus er einen guten Überblick über die ganze Klasse hatte. Die Schulbänke für die Kinder waren so gebaut, dass ihnen gar nichts anderes übrig blieb als kerzengerade zu sitzen. Sobald der Lehrer das Klassenzimmer betrat, mussten die Schüler zur Begrüßung von ihren Bänken aufstehen und strammstehen wie die Soldaten. Dann riefen sie im Chor: »Guten Morgen, Herr Lehrer!« Bevor sie sich wieder setzten, machten die Mädchen einen Knicks, die Jungen eine Verbeugung. Beim Sitzen mussten die Füße parallel stehen und die Hände geschlossen auf dem

Tisch liegen. Wer im Unterricht aufgerufen wurde, hatte selbstverständlich aufzustehen. Dreimal in der Woche stand auf dem Stundenplan »Leibesertüchtigung«. Auf dem Weg zur Turnhalle mussten die Kleinen paarweise im Gleichschritt hintereinander über den Schulhof marschieren. Neben Lesen, Rechnen und Schreiben wurde Wert auf Erziehung zu Gehorsam, Disziplin und Fleiß gelegt. Vom ersten Schultag an lernten Arthur und seine Mitschüler von ihrem Lehrer eine Benimm-dich-Regel in Versform: »Hände falten, Schnabel halten, Kopf nicht stützen, Ohren spitzen.« Bei Verstößen der Regeln sowie schlechten Noten zögerte der Lehrer nicht lange und machte von seinem Rohrstock Gebrauch. Ein einziges Mal bekam Arthur diesen zu spüren.

Das Stillsitzen fiel Klein Arthur schwer, war er bisher doch gewohnt, stundenlang draußen herumzutoben. Er freute sich, wenn die Schulglocke laut schrillend die große Pause ankündigte. Doch ernüchtert musste er feststellen, dass selbst auf dem Schulhof nicht herumgerannt werden durfte. Die Kinder wurden dazu angehalten, geordnet im Gleichschritt zu zweit auf dem Schulhof langsam ihre Runden zu drehen und dabei ihr mitgebrachtes Frühstücksbrot zu verzehren. Eines Tages stahl Arthur sich mit fünf seiner Klassenkameraden davon, um in der hinteren Ecke des Schulhofes Fangen zu spielen. Doch das blieb dem wachsamen Auge des Aufsichtslehrers

Winkelmann nicht verborgen, und er näherte sich langsamen Schrittes der kleinen Gruppe in der Ecke. Die Arme auf der Brust verschränkt, stand er schließlich vor den sechs spielenden Jungen und sah ihnen wortlos zu. Als kurz darauf die Schulglocke das Pausenende ankündigte, reihten sie sich brav in die Schlange ihrer Klassenkameraden ein, um in Reih und Glied wieder in den Klassensaal zu marschieren. Gerade, als sie sich auf ihre Plätze gesetzt hatten, kam Herr Winkelmann in die Klasse. In seiner Hand hielt er eine Haselnussgerte. Sein strenger Blick schweifte über die vor ihm sitzenden 50 Mädchen und Jungen und blieb schließlich auf Arthur haften: »Junger Mann, komm doch mal nach vorne ans Pult.« Nachdem Herr Winkelmann auch die anderen fünf kleinen Gesetzesübertreter nach vorne zitiert hatte, begann er vor den Augen aller Kinder mit der Züchtigung. Dazu mussten die Knaben der Reihe nach ihre rechte Hand ausstrecken. Dann erteilte der Lehrer jedem von ihnen einen »Handschnitz«, einen Hieb mit dem Stock auf die Finger. Arthur hatte sich hinten angestellt und nachdem seine fünf Freunde ihre Strafe empfangen hatten, war auch er schließlich an der Reihe. Doch er legte beide Hände auf den Rücken. Herr Winkelmann kannte kein Erbarmen: »Trotzig bist du also auch noch, dafür kriegst du zwei Handschnitze, für jede Hand einen.« Arthur blieb nichts anderes übrig, als sich zu fügen und die schmerzenden Hiebe mit dem Stock über sich ergehen zu lassen. Stärker noch als die körperlichen Hiebe aber traf ihn die demütigende Schmach, vor allen anderen Kindern gezüchtigt zu werden.

Doch diese Erfahrung hinderte ihn nicht daran, sich im Laufe seiner Schullaufbahn an mancherlei Scherzen zu beteiligen. Zu groß war die Versuchung, die lang herunterhängenden, geflochtenen Zöpfe der Mädchen in die offenen Tintenfässer zu tunken, welche auf jedem Schülerpult standen. Die so gefärbten Haare sorgten bei den Jungen für besondere Erheiterung. Es dauerte auch nicht lange, bis die kleinen Schüler merkten, welche ihrer Schulbänke besonders laut knarrten, und schon bald konnten sie durch geschicktes darauf Herumrutschen unauffällig die eine oder andere Bank geräuschvoll zum Knarren bringen. Gerade so lange, dass der Lehrer nicht herausfinden konnte, wer der Übeltäter war. Gelegentlich kamen von hinten plötzlich Kugeln aus Holz oder Glas über den Parkettfußboden laut durch das Klassenzimmer gerollt. Keiner der Schüler vermochte eine Antwort auf die forschende Frage des Lehrers zu geben, woher diese ruhestörenden Kugeln kamen.

Freude machten auch die kleinen Belohnungen. Besonders emsige Schüler erhielten vom Lehrer sogenannte Fleißbildchen, die eifrig gesammelt und getauscht wurden. An die hübschen Motive erinnerte sich

Arthur noch viele Jahre später: *Noch heute sehe ich die braven Mädchen in ihren adretten Kleidern und die geschniegelten Jungen oder die süßen Kätzchen, die mit einem Wollknäuel spielen, auf den Bildchen vor mir.*

Obwohl Arthur auch im zweiten Schuljahr zu den Klassenbesten gehörte, wurde er von seinem Lehrer umgesetzt:

> *Ich kam auf die vorderste Bank direkt vor dem Lehrerpult. Aber das geschah nicht etwa einer beginnenden Faulheit wegen, sondern darum, weil ich von hinten aus nicht mehr erkennen konnte, was der Lehrer an die Tafel schrieb. Ich war kurzsichtig, und zum Glück hatte es der Lehrer erkannt. Aber dass eine Brille das Übel beheben oder verbessern könnte, daran dachten weder Lehrer noch Mutter oder Großvater. Erst fünf Jahre später wurde mir ärztlich bescheinigt, dass ich eine Brille tragen müsse, und ich erhielt sie dann auch. Seit dieser Zeit gucke ich durch zwei Gläser.*

Ansonsten wechselten die Schüler im neuen Schuljahr die Bänke je nach ihrer Leistung entweder nach vorne oder weiter nach hinten. War das Zeugnis sehr schlecht, durfte man die Bank nicht wechseln und blieb also im wahrsten Sinne des Wortes »sitzen«.

Vom Frohsinn des Lebens

Am frühen Nachmittag war der Schulunterricht zu Ende, die schulischen Regeln aber noch nicht ganz. Arthur erinnerte sich:

> *Vonseiten der Lehrer war uns befohlen worden, den Heimweg von der Schule nur in Zweierreihen anzutreten. Solange wir im Bereich der Schule und der danebenstehenden Polizeiwache waren, hielten wir diese Ordnung auch ein. Sobald aber die Luft rein war, zerfloss diese Ordnung in nichts und wir stoben auseinander.*

Ihre Freizeit verbrachten die Kinder und Jugendlichen weitgehend draußen. Nachdem die Hausaufgaben gemacht waren, gingen Arthur und sein Bruder Fritz auf die Straße, wo sie die anderen Dorfkinder trafen. Stundenlang spielten sie Fangen, Verstecken und andere einfache Spiele.

> *Die Hauptstraße unseres Dorfes war oft der Tummelplatz der Jugend. Es gab ja auch keine im Eiltempo durchrasenden Autos, und noch gab es keine Straßenbahn. Die Straße wurde nur von Pferdegespannen und Radfahrern befahren. Deshalb war die Gefahr, über-*

fahren zu werden, auch nicht vorhanden. Zwar war die Ortspolizei, die damals in blauer Uniform mit Helm und Säbel auf Ordnung zu halten hatte, scharf dahinter her, jemanden unbefugterweise auf der Straße zu erwischen. Aber wir Kinder stoben auseinander und waren verschwunden, wenn wir eine der drei behördlichen Aufsichtspersonen erblickten. Man sah ihnen das Militärische schon von Weitem an. Ihre stramme Haltung, ihr nach dem Vorbild von Kaiser Wilhelm gepflegter Schnurrbart und ihre strengen Blicke waren für uns Kinder sehr Furcht einflößend. Wenn sie dann noch stolz hoch zu Ross durch die Straßen ritten, waren wir wie vom Erdboden verschluckt und nicht mehr zu sehen.

Viele der Kinder stammten von Bauernhöfen, und bei schlechtem Wetter traf man sich in der Scheune oder auf dem Heuboden eines der Bauernkinder. Wie die meisten seiner Freunde ging Arthur im Sommer barfuß, denn er besaß nur ein einziges Paar Schuhe. Dieses musste für die kältere Jahreszeit geschont werden. Ein neues Paar Schuhe gab es höchstens einmal im Jahr, und auch erst dann, wenn die Füße nicht mehr hineingezwängt werden konnten.

Große Aufregung im Dorf herrschte, wenn der Leierkastenmann kam, was zwei- bis dreimal im Jahr geschah.

Kaum stand er auf dem Marktplatz und entlockte seiner Drehorgel die ersten Töne, strömten die Dorfbewohner zu ihm, um den Melodien zu lauschen. Der Leierkastenmann hatte für jeden Geschmack etwas dabei. Das Repertoire umfasste die neuesten Schlager und Unterhaltungsmusik, aber auch Märsche, Choräle, Opern und andere klassische Werke konnte er seiner Drehorgel entlocken. Wenn er dann schließlich weiterzog, liefen die Kinder ihm noch lange hinterher.

Eine weitere willkommene Abwechslung für Kinder und Erwachsene brachte der Besuch eines Bänkelsängers im Dorf. Gespannt lauschten sie den Liedern, mit denen er singenderweise Geschichten vortrug und von politischen Ereignissen erzählte. In Form von Balladen und dramatischen Liedern berichtete er die neuesten Nachrichten aus nah und fern. Dabei stand er auf einer kleinen Holzbank, um besser gesehen zu werden. Neben sich hatte er eine Tafel mit Zeichnungen aufgestellt. Während des Singens zeigte der Bänkelsänger mit einem Stock auf die Bilder, um seine Schilderungen zu unterstreichen. Arthur hielt diese Erinnerung später in seinem Tagebuch so fest:

> *Wenn die Bänkelsänger kamen, freuten sich sowohl wir Kinder als auch die Großen über eine angenehme, wenn auch kurze Unterbrechung des Alltäglichen. Heute sind*

beide Figuren, Leiermann und Bänkelsänger, längst vergessen.

Die Musik wurde für Arthur zum Begleiter seines Lebens. Sein Großvater besaß eine Art Plattenapparat, eine sogenannte Kalliope. Er und sein Bruder Fritz waren fasziniert von diesem Gerät und lernten schnell, es zu bedienen. Arthur erinnerte sich später begeistert:

Das Hören der Blechplatten war mir das schönste Vergnügen. Ich hatte bald heraus, wie man das Ding erst aufziehen und dann die Platte auflegen musste, um zu einem musikalischen Gruß zu kommen. Ich konnte stundenlang zuhören. Wie oft habe ich damals den kleinen Apparat laufen lassen, um die Musik hören zu können! Wenn aus dem Holzkasten Lieder wie »Weißt du Mutterl, was ich träumt hab« oder ein bekannter Marsch erklangen, war ich ganz Ohr. Mutter wurde das Gedudel allerdings manchmal zu viel, und dann drohte sie damit, den Wunderkasten, der er für mich war, wegzuschließen.

Als der Großvater seinen Enkeln erlaubte, auf seiner Zither zu spielen, freuten sie sich riesig. Für die beiden bedeutete dieses Instrument viel mehr, als nur Lieder darauf zu spielen:

Nun wurde das Spielen draußen zur Nebensache. Im Winter verging kaum ein Abend, an dem wir unserem Großvater nicht etwas vorspielten. Schon bald konnten wir jedes uns bekannte Lied auch ohne Noten spielen. Damit wurden unsere Familienabende noch schöner. Man sagt zu Recht, dass ein harmonisches Familienleben im Elternhause den Kindern einen unauslöschlichen Eindruck hinterlässt, der sogar für ihre spätere eigene Ehe zum Vorbild wird. Bei mir war und ist es jedenfalls so. Der Friede, die Ruhe sind Werte, die nicht mit Geld und Besitztum erkauft werden können!

Leider traf Arthurs Mutter wenige Jahre später eine folgenschwere Entscheidung, die den schönen Abenden und dem harmonischen Familienleben ein abruptes Ende setzte.

Arthurs Leben wird in neue Bahnen gelenkt

Am 11. Januar 1909 wurde Arthur neun Jahre alt. An diesem Montag ging er nicht zur Schule, denn er hatte eine fiebrige Mandelentzündung und musste das Bett hüten. Am frühen Morgen kam seine Mutter an sein Bett und brachte ihm sein Geburtstagsgeschenk: sechs Orangen. Arthur wusste zu diesem Zeitpunkt noch nicht, dass das neue Lebensjahr einschneidende Veränderungen mit sich bringen würde. Und als sein Lehrer den Kindern das Volkslied »Alles neu macht der Mai« beibrachte, ahnte Arthur nicht, welche Bedeutung diese fünf Worte für ihn schon bald haben sollten, wenn auch in ganz anderem Sinne. Während der Frühling allmählich ins Land zog, schmiedete seine Mutter nämlich ohne sein Wissen Pläne, sich wieder zu verheiraten. Zwei Wochen vor der Hochzeit wurden Fritz und Arthur vor vollendete Tatsachen gestellt.

Am 1. Mai heiratete Anna einen für Arthur fremden Mann. Sein neuer Stiefvater war Witwer und hatte aus seiner ersten Ehe zwei Mädchen im Alter von 9 und 14 Jahren.

Mit der Hochzeit seiner Mutter wurde das Leben von Arthur von einem Tag auf den anderen in neue Bahnen gelenkt. Seine bisher heile Welt zerbrach. Er verstand nicht, warum sein gewohntes Familiengefüge nicht so bleiben konnte, wie es war. Sein Großvater war ihm wie ein Vater ans Herz gewachsen. Doch von nun an musste er sich dem neuen Mann seiner Mutter beugen.

Zum zweiten Mal in seinem neunjährigen Leben zog Arthur in ein neues Zuhause, und zum zweiten Mal wurde seine Familie neu zusammengesetzt. Plötzlich hatte er wieder jemanden, zu dem er Vater sagen sollte, und noch dazu zwei neue Schwestern. Sein Bruder Fritz hingegen blieb vorerst beim Großvater wohnen, denn der neue Stiefvater wollte nur einen der beiden Jungen bei sich aufnehmen. Kurz vor seiner Hochzeit mit Anna hatte er ihr erklärt: »Arthur kannst du mitbringen, aber beide Jungen will ich nicht übernehmen. Fritz kann von mir aus bei uns einziehen, wenn er mit der Schule fertig ist und sein eigenes Geld verdient.« Seine Bedingung hielt er schriftlich in einem Ehevertrag fest und ließ ihn von Anna unterschreiben.

Erst viel später verstand Arthur den Kuhhandel, wie er diese Abmachung im Nachhinein selbst nannte. Es war eher eine Zweckehe als eine Heirat aus Liebe. Friedrich brauchte eine Frau, die sich um ihn und seine Töchter kümmerte, und Anna stimmte zu, weil ihr Vater zu diesem Zeitpunkt selbst daran dachte, sich wieder zu verheiraten und darum die Hochzeit seiner Tochter mit Friedrich begrüßte. Dennoch blieb es für Arthur sein Leben lang unbegreiflich, dass seine Mutter sich auf diesen Handel eingelassen hatte.

So zogen Anna und Arthur nach der Hochzeit zum Stiefvater nach Neu-Weißstein[3]. Die 30 m² kleine Wohnung befand sich in einem Wohnblock mit vierzehn Mietwohnungen und bestand aus einer Stube mit Küche sowie einem winzigen Schlafzimmer mit Blick auf einen dunklen Hinterhof.

Neu-Weißstein war ein Ortsteil der Gemeinde Weißstein, eine halbe Stunde von Arthurs bisherigem Zuhause entfernt. Da der kleine Ortsteil eine eigene Schule hatte, musste er die Schule wechseln. Sein Lehrer schenkte ihm zum Abschied ein Gedicht, das er in seiner schönsten deutschen Schrift mit Feder und Tinte auf ein Blatt Papier geschrieben hatte:

Bleibe stets ein gutes Kind,
deiner Mutter Lust und Wonne,
fromm wie es die Engel sind,
dann lacht dir des Himmels Sonne.
Und am Abend, still und rein,

schläfst du recht zufrieden ein.
Bleibe fromm und halt dich recht,
dann ist schön dein Erdenleben,
und es wird zu aller Zeit
Gottes Friede dich umschweben.
Dem, der Gottes Willen tut,
geht es hier und droben gut!

In der neuen Schule war das Schulsystem anders. Während in der alten Schule jede Klassenstufe einen eigenen Klassensaal hatte, gab es jetzt für die Klassen eins bis acht nur drei große Klassenzimmer. Jede der drei Klassensäle beherbergte mehrere Klassenstufen. Die Klassen eins bis drei bildeten die Unterstufe, die Klassen vier und fünf die Mittelstufe, und die höheren Klassen sechs, sieben und acht die Oberstufe.

Arthur, der in seiner alten Schule soeben erst die vierte Klasse begonnen hatte, wurde aus einem ihm unbekannten Grund an seinem ersten Schultag in der neuen Schule vom Schulleiter gleich in die Oberstufe gesetzt. Dort wurde er in die Abteilung der Sechstklässler eingereiht. Somit übersprang er ohne sein Zutun zwei Klassen und saß mit seinen neun Jahren in der Klassenstufe der sechsten bis achten Klassen, also bei den 11- bis 14-Jährigen. Das bedeutete für ihn aber auch, dass er die nächsten fünf Jahre in derselben

Klassenstufe verbrachte, denn die Schulentlassung war erst mit 14 Jahren möglich.

Arthur war stolz darauf, dass er trotz des Überspringens zweier Klassen keine Schwierigkeiten hatte, mitzukommen. Schwierig war für ihn eher, dass er der Jüngste und auch Kleinste war und sich in den letzten drei Schuljahren entsetzlich langweilte.

Friedrich

Vor der Eheschließung mit Anna hatte Friedrich ihr vorgeschwärmt, als Maschinenwärter im Bismarckschacht der Steinkohlengruben zu arbeiten. Maschinenwärter im Bergbau war eine gehobene Position mit gutem Verdienst. Doch bald nach der Hochzeit musste Anna feststellen, dass Friedrich nur ein einfacher Tagesarbeiter mit geringem Verdienst war. Der wöchentliche Lohn betrug 12 Mark. Jeden Freitag war Zahltag, und wenn Friedrich an jenem Tag Feierabend hatte, machte er auf dem Weg nach Hause erst einmal einen Zwischenstopp in der Kneipe. Mit dem Rest, den Anna schließlich von ihm erhielt, konnte sie gerade so die Wohnungsmiete und das nötige Essen für die fünfköpfige Familie bezahlen. Der Gang zum Bäcker, der für Arthur während der fünf Jahre bei seinem Großvater ein Festtag gewesen war, fiel weg. Das Geld war so knapp, dass für die Kinder nichts mehr übrig blieb. Friedrich war die Gastwirtschaft mit Alkohol und Kartenspielen lieber als gemütliche Abende im Kreise der Familie. Für die Freude an der Musik, wie Arthur und Anna sie hatten, hatte er kein Verständnis. Die schönen Familienabende gemeinsamen Musizierens, die sie beim Großvater gehabt hatten, gab es somit nun auch nicht mehr.

Doch Arthurs Liebe zur Musik, die sein Großvater in frühen Kindheitsjahren in ihm geweckt hatte, machte ihn erfinderisch. Aus dem nahe gelegenen Wirtshaus drangen ihm beim Vorbeigehen gelegentlich Klaviertöne ans Ohr und weckten seine Neugier. Eines Tages nahm er seinen Mut zusammen, ging hinein und fragte den Wirt, ob er sich das Klavier einmal ansehen dürfte. Der Wirt hatte nichts dagegen und erlaubte Arthur, darauf herumzuklimpern. Arthur war begeistert, und sooft er nur konnte, entfloh er von nun an der düsteren, engen Wohnung seines Stiefvaters und ging in die kleine Kneipe um die Ecke. Er wusste zwar, dass er in dem von Rauch vernebelten Wirtshaus eigentlich nichts zu suchen hatte, doch das Klavier zog ihn an wie einen Magneten. Anfangs freute er sich über jeden Ton, den er dem Instrument entlockte, und probierte geduldig die Tasten so lange aus, bis er die ersten Melodien spielen konnte. So brachte er sich selbst das Klavierspielen bei, ohne jemals Unterricht gehabt zu haben. Er brauchte auch keine Noten, denn er konnte schon bald viele Melodien aus dem Gehör nachspielen. Unermüdlich übte er die vielen ihm bekannten Lieder, die er bereits beim Großvater gehört und gesungen hatte. So wurde der kleine Nebenraum der Kneipe für Arthur zu einer Oase. Stundenlang konnte er dort musizieren und dabei alles andere um sich herum vergessen.

Als sein Bruder Fritz ihm eines Tages eine gebrauchte Geige brachte, die er sich zusammengespart hatte, war Arthur von dem Saiteninstrument genauso begeistert wie vom Klavier. Schnell lernte er, mit dem Bogen über die Saiten zu streichen und dabei mit den Fingern seiner linken Hand die richtigen Töne zu greifen.

Ein Jahr nach Annas und Arthurs Einzug bei Friedrich änderte dieser plötzlich seine Meinung und erklärte sich bereit, Arthurs Bruder Fritz nun doch in die neue Familie aufzunehmen. Nachdem der inzwischen 13-jährige Fritz auch in die kleine Wohnung eingezogen war, durchschaute Anna bald die ungewöhnliche Großmütigkeit ihres Mannes. Er hatte es nämlich auf die Alimente abgesehen, die Annas erster Mann Heinrich immer noch mehr oder weniger monatlich zahlte. Die 10 Goldmark für Arthur hatte er sich gleich von Anfang an unter den Nagel gerissen, und mit dem Einzug von Fritz kassierte er nun auch die anderen 10 Goldmark ein, die Anna bisher dem Großvater für den Unterhalt von Fritz gegeben hatte.

Als junger Erwachsener machte Arthur sich Gedanken zum Thema Stiefvater:

Ein Stiefvater kann den neu anvertrauten Kindern ein Helfer und Führer sein. Er kann es dann sein, wenn er Verständnis für eine Kinderseele aufbringt, wenn er selbstlos ist und in den für ihn fremden Kindern Menschen sieht, deren Seele gehegt, gepflegt und gefördert werden muss, wenn sie zu brauchbaren Menschen werden sollen. Mein Stiefvater war nicht ein solcher Mensch.

Arthur und seine neuen Schwestern

Arthurs fünf Jahre ältere Stiefschwester Hedwig hatte einen Monat vor der Hochzeit von Anna und Friedrich die Schule abgeschlossen und anschließend eine Anstellung als Arbeiterin bei der im Ort ansässigen Porzellanmanufaktur gefunden. Dort arbeitete sie zehn Stunden täglich, sodass sie eigentlich nur zum Schlafen nach Hause kam. Sie interessierte sich nicht für Arthur und hatte, ihrem Vater gleich, keinen Sinn für die Familie.

Gisela, die nur sechs Wochen jünger war als Arthur, tat sich in der Schule schwer und musste zwei Schuljahre wiederholen. Ihren Vater wurmte es gewaltig, dass Arthur die besseren Noten hatte. Als Gisela zwei Jahre später auch in der Oberstufe ankam, nahm Friedrich eines Tages Arthur zur Seite und befahl ihm: »Du wirst von nun an deiner Schwester bei den Hausaufgaben helfen.« Arthur gehorchte notgedrungen. Wie er darüber dachte, behielt er wohlweislich für sich. Seine Meinung notierte er jedoch in sein Tagebuch: *Gisela hört und liest dasselbe wie ich in der Schule, sie braucht doch nur aufzupassen. Aber dass ihr Gehirn wesentlich kleiner ist als meins, wissen offensichtlich weder sie noch ihr Vater.*

Am 12. Dezember 1911 bekam Arthur noch ein Schwesterchen, das gemeinsame Kind von Anna und Friedrich. Über Annas Schwangerschaft hatte niemand mit Arthur gesprochen. Erst als seine Mutter immer rundlicher wurde, begann er zu ahnen, dass sie noch ein Baby bekommen würde. Zu seinem Bruder Fritz sagte er: »Die denken wohl, wir glauben noch an den Klapperstorch, aber da irren sie sich! Wetten, dass Mutter einen Knaben zur Welt bringt?« Fritz war anderer Meinung: »Wetten, dass es ein Mädchen wird?« Er sollte recht behalten. An jenem Dienstagmorgen wurden die beiden Brüder, die sich in der Küche eine Liege teilten, um 6 Uhr früh von den ersten Schreien ihrer kleinen Schwester geweckt. Als Arthur kurze Zeit später zu seiner Mutter in die Schlafstube gehen durfte, zeigte sie ihm lächelnd das kleine Mädchen, das sich zu ihnen gesellt hatte, und sagte: »Das ist deine neue Schwester Frieda. Gott hat sie uns geschenkt, und darum wollen wir sie von Herzen lieb haben, nicht wahr?« Das fiel Arthur nicht schwer. Er staunte über das winzige Lebewesen und half seiner Mutter, wo er nur konnte. Er freute sich, dass seine Mutter ihn und nicht seine Stiefschwestern dazu auserkor, auf seine kleine Schwester aufzupassen.

Mit der neuen Schwester wurde Arthur zum Kindermädchen, wann immer seine Mutter keine Zeit hatte. Er entwickelte sich zu ihrem treuen Beschützer und Hüter. Seine Stiefschwestern hingegen blieben ihm sein Leben lang fremd. Darum tat es ihm auch nicht leid, als Hedwig sich wenige Monate nach der Geburt von Frieda dazu entschloss, nach Leipzig zu ziehen, wo sie eine neue Stelle als Fabrikarbeiterin gefunden hatte. Auch Anna war froh, denn der Auszug von Hedwig bedeutete eine Esserin weniger und etwas Entlastung für ihre knappe Haushaltskasse. Arthur wollte nicht tatenlos zusehen, wie seine Mutter sich abrackerte, um jeden Monat über die Runden zu kommen, und hatte schon bald Ideen, wie er helfen konnte.

Arthur verdient Geld

Eines Tages traf Arthur nachmittags im Dorf seinen Klassenlehrer Herr Obermaier, nahm all seinen Mut zusammen und fragte ihn: »Herr Lehrer, bräuchten Sie vielleicht jemanden, der Ihnen im Garten hilft?« Arthur wusste, dass die Obermaiers einen großen Garten mit vielen Obstbäumen und Gemüsebeeten hatten. Da der Lehrer eine Hilfe gut gebrauchen konnte, stimmte er zu. Arthur verrichtete bis zum Ende seiner Schulzeit in seiner Freizeit jegliche Arbeiten, die in Haus und Hof der Familie Obermaier anfielen. Er jätete Unkraut, hackte und stapelte Holz, räumte die vom nahe gelegenen Bergwerk angelieferte Kohle in große Tröge, machte Einkäufe und allerlei Botengänge. Auch im Haus seines Lehrers gab es einiges für ihn zu tun. Er ordnete die zahlreichen Zeitschriften und Zeitungen und sollte sogar die Schularbeiten der jüngeren Schüler korrigieren.

Für seine Arbeit zahlte ihm sein Lehrer einen Stundenlohn in Höhe von drei Pfennigen. Nach 30 Stunden Arbeit musste Arthur eine Rechnung vorlegen, die genau auflistete, welche Arbeit er wie lang gemacht hatte. Wenn Arthur dann endlich 90 Pfennig von seinem Lehrer ausgezahlt bekam, brachte er das Geld seiner Mutter und freute sich, ihre Haushaltskasse ein wenig aufzubessern. Arthur erinnerte sich später noch daran, dass die Frau des Lehrers ihn nach getaner Arbeit mit einem Vesper versorgte:

> *Das Vesper, das Frau Obermaier mir brachte, bestand aus einer Brotschnitte, mit Schweinefett bestrichen, und einer Tasse schwarzem, aber gesüßtem Kaffee aus Ehtreiners Gerstenkörnern. Auch das war für die Haushaltskasse meiner Mutter eine Entlastung.*

Zusätzlich zu seiner Arbeit für den Lehrer gab Arthur seinem Nachbarsjungen Johann Nachhilfeunterricht. Der Sohn eines Eisenbahnsekretärs war zwei Jahre älter als er selbst und im letzten Schuljahr. Mit Arthurs Hilfe schaffte er ein halbwegs gutes Schulentlassungszeugnis. Für die Nachhilfestunden bekam Arthur von Johanns Mutter jedes Mal ein Butterbrot als Bezahlung. Arthur überlegte sich eines Tages: »Vielleicht hat Gott mich dazu auserkoren, diese niederen Dinge zu tun. Dann will ich ihm ein fleißiger Diener sein, denn so kann ich meiner Mutter helfen, dass sie Essen für uns kaufen kann.« Bereitwillig nutzte er jede Gelegenheit, um ein bisschen Geld zu verdienen. Er ging einkaufen, stapelte Holz, trug Zeitungen aus und ging bei Wind und Wetter abends auf die Straße, um die Gaslaternen anzuzünden. Die Freude seiner Mutter, wenn er ihr wieder ein paar Pfennig brachte, war für ihn die schönste Belohnung.

Das ist gewiss nicht wahr

Der alte Lehrer Obermaier war in der ganzen Dorfschule eine hochgeachtete und angesehene Persönlichkeit. Weit über die Schule hinaus galt er als Respektsperson wie auch der Pfarrer und der Arzt im Dorf. Von klein auf wurde den Schülern bisweilen auch mithilfe des Rohrstocks Zucht und Ordnung beigebracht, sodass kaum einer es wagte, seinem Lehrer zu widersprechen oder ungehorsam zu sein. Umso mehr prägte sich darum bei dem 13-jährigen Arthur ein Vorfall in seinem vorletzten Schuljahr ein. Seine Klasse hatte Religionsunterricht. Die Schüler kannten das Glaubensbekenntnis bereits auswendig, und in dieser Stunde wurde der dritte Artikel behandelt: »Ich glaube an den Heiligen Geist, die heilige katholische Kirche, Gemeinschaft der Heiligen, Vergebung der Sünden, Auferstehung der Toten und das ewige Leben. Amen.«

Herr Obermaier hatte für diese Stunde die Erklärung des Katechismus als Hausaufgabe zum Auswendiglernen gegeben. Anstelle von »Amen« hieß es am Schluss der Erklärung zu diesem Artikel: »Das ist gewisslich wahr.« Als Arthurs Klassenkamerad Hans-Otto aufgerufen wurde, den Text auswendig vorzutragen, stand dieser folgsam auf und sagte den Text auch fehlerfrei auf, doch am Schluss sagte er plötzlich: »Das ist gewiss nicht wahr.«

Danach setzte er sich lächelnd wieder hin. In der Klasse herrschte Totenstille. Alle blickten auf Herrn Obermaier, der gerade eben noch andächtig und milde lächelnd den Worten des Glaubensbekenntnisses gelauscht hatte. Aber nun war sein Lächeln förmlich erstarrt, und er war ganz offensichtlich entsetzt. Er schien sich nicht sicher zu sein, richtig gehört zu haben, denn er forderte Hans-Otto auf: »Deklariere doch die Erklärung noch einmal.« Wieder stand Hans-Otto in aller Ruhe auf, und wieder zitierte er fehlerfrei den Text. Und genau wie beim ersten Mal sagte er zum Schluss laut und deutlich, für alle vernehmbar: »Das ist gewiss nicht wahr.« Dann setzte er sich in aller Seelenruhe wieder hin.

Nun war sich Herr Obermaier ganz sicher, dass er weder falsch gehört noch Hans-Otto sich versprochen hatte, und die Zornesröte stieg ihm ins Gesicht. Eine solche Dreistigkeit war ihm in seiner beinahe fünfzigjährigen Laufbahn als Lehrer noch nicht vorgekommen. Er zögerte nicht lange und befahl Hans-Otto: »Beug dich über deine Bank, du Lümmel! Deine Frechheiten werde ich dir gleich austreiben!« Er stieg vom Lehrerpult hinunter und holte den Rohrstock. Doch als er sich umdrehte, sah er gerade noch, wie Hans-Otto die Tür aufriss und aus dem Klassenzimmer türmte. Seine Mitschüler, die bis dahin belustigt, aber still in sich hineingegrinst hatten, brachen nun in lautes Gelächter aus.

Das verblüffte Gesicht von Herrn Obermaier sah zu komisch aus. Er überlegte kurz, dann rief er: »Arthur, Paul, Theo und Wilhelm, lauft ihm hinterher und bringt ihn zurück!« Die aufgerufenen Jungen folgten nur zu gern seinem Befehl. Es machte ihnen Spaß, den Unterricht auf diese Weise schwänzen zu können. Kaum waren sie draußen, konnten sie vor Lachen kaum noch hinter ihrem Klassenkameraden herrennen. Hans-Otto merkte schnell, dass seine Verfolger es nicht so eilig hatten, ihn zu erwischen. Ob es an seinem Vorsprung lag oder ob Arthur und seine drei Freunde ihn gar nicht fangen wollten, fand Lehrer Obermaier nicht heraus, als die vier pünktlich zum Ende der Schulstunde ohne Hans-Otto in die Klasse zurückkamen. Auf jeden Fall kam der Rohrstock nicht zum Einsatz, denn am nächsten Tag erwähnte der Lehrer den Vorfall mit keiner Silbe mehr.

Vom Pfeifer zum Tambourmajor

Einen Stock ganz anderer Art durfte Arthur gegen Ende seiner Schulzeit schwingen, nämlich den Taktstock. Mit elf Jahren war er der Schulkapelle beigetreten, wo er zunächst als Pfeifer auf einer Pikkoloflöte mitwirkte. Die Flöte konnte er von der Schule ausleihen, das Flötenspielen brachte er sich selbst bei. Bald konnte er alle

Marschlieder mitspielen. Die Kapelle bestand aus mehreren Pfeifern und Trommlern mit jeweils einem Oberpfeifer und einem Obertrommler sowie dem Tambourmajor.

Der Tambourmajor war für die Formation der Kapelle verantwortlich und marschierte mit dem Taktstock in der Hand vorneweg. Auf sein Kommando »Marsch!« setzten die Musiker sich im Gleichschritt in Bewegung. Dabei trugen sie mit Stolz die für Militärmusiker typischen »Schwalbennester«. Diese halbmondförmigen Abzeichen aus Stoff wurden an den Schultern der Jacken befestigt. Die Schwalbennester der Schulkapelle von Neu-Weißstein waren rot mit weißen Streifen und weißen Troddeln daran. Man konnte sie für ein paar Pfennige fertig genäht kaufen, was auch die meisten Kapellmitglieder taten. Da aber Arthurs Mutter selbst diese paar Pfennige nicht erübrigen konnte, nähte sie ihm seine Schwalbennester selbst. Dazu nahm sie rot-weiß gestreiften Stoff, und die Troddeln machte sie aus weißer Wolle. Arthur, der deswegen von seinen Kameraden ausgelacht wurde, schämte sich, so arm zu sein. Doch er klagte nicht darüber, denn er wusste, dass seine Mutter ihr Bestes getan hatte, um auch ihm die Teilnahme an der Schulkapelle zu ermöglichen.

Die Schulkapelle kam hauptsächlich zum Einsatz, wenn die Klassen im Sommer Ausflüge machten. Dann gehörte es selbstverständlich dazu, dass die Kapelle vorneweg marschierte und Marschlieder spielte. Zwei Jahre später stieg Arthur vom Pfeifer zum Oberpfeifer seiner Schulkapelle auf. Für diese höhere Position bekam er Schwalbennester mit schwarzen Streifen und schwarzen Troddeln.

Den höchsten Triumph seiner Kapellmeistertätigkeit erlebte Arthur am 15. Juni 1913. An jenem Sonntag feierte Kaiser Wilhelm II. in Berlin sein 25-jähriges Regierungsjubiläum. Aus diesem Grund waren in Deutschland an diesem Tag für alle Schulen vaterländische Feiern angeordnet. Dafür war am nächsten Tag schulfrei.

Arthur erinnerte sich noch lange danach an diesen Festtag:

Unsere Schule begann am Sonntag um 8 Uhr mit einer Feier des sogenannten »segensreichen Regiments« unseres Kaisers Wilhelm II. Nach einigen Huldigungsansprachen unserer Lehrer wurden Gedichte zu Ehren unseres Kaisers aufgesagt. Die Feierstunde schloss mit dem Lied »Heil dir im Siegerkranz« und dem dreimaligen »Hoch« auf unseren Kaiser. Doch ich war an der ganzen Sache höchst uninteressiert. Ob der mir unbekannte Kaiser hochleben sollte, war mir egal.

Egal war ihm aber nicht, dass er zu den besonders fleißigen Schülern gehörte, die auf Anordnung der

Schulbehörde während der Feierlichkeiten ausgezeichnet wurden. Als Klassenerster erhielt er vom Schulleiter persönlich ein bebildertes Buch mit dem Titel »Die Volkstümlichkeit unseres Kaisers« überreicht sowie ein mit Kriegsbildern bedrucktes Vivatband, das er über die Schultern gelegt bekam.

Ich werde Lehrer!

In seinem letzten Schuljahr kam neues Leben in Arthurs mittlerweile doch äußerst langweilig gewordenen Schulalltag.

Ein junger Lehrer übernahm im Herbst 1913 die Oberstufe von Herrn Obermaier, der nach 50 Jahren Schuldienst im Alter von 70 Jahren in den Ruhestand ging. Herr Schuster, der neue Lehrer aus Breslau, brachte frischen Wind in die Schule, und Arthur atmete auf. Nachdem er unter Herrn Obermaier die letzten Jahre immer wieder dasselbe gehört hatte, saugte er wissbegierig wie ein Schwamm alles auf, was der neue Lehrer seinen Schülern beibrachte. Der junge Herr Schuster führte neue Lehrmethoden ein, und im Gegensatz zu dem alten Lehrer Obermaier behandelte er seine Schüler eher wie Kameraden und nicht wie ein Feldwebel seine Soldaten.

Eines Tages wollte Herr Schuster von seinen Schülern wissen, wer von ihnen Lehrer werden wollte. Ohne zu zögern hob Arthur die Hand, woraufhin Herr Schuster sagte: »Wenn einer von euch Lehrer werden kann, dann bist du es. Du hast das Zeug dazu.« Diese ermutigenden Worte bekräftigten Arthurs Wunsch und besiegelten seinen Entschluss: »Ich werde Lehrer.« Als er zu Hause seiner Mutter von seinem Berufswunsch erzählte, antwortete sie erschrocken: »Wo nehmen wir das Geld dafür her?« Da Arthur aus Geldmangel nicht das Gymnasium in Waldenburg besuchen konnte, müsste er in Ermangelung des Abiturs nach seinem Volksschulabschluss zunächst eine dreijährige Vorbereitungsanstalt besuchen. Nach bestandener Prüfung würde er dann auf einem Lehrerinstitut die eigentliche dreijährige Ausbildung zum Lehrer beginnen können.

Schnell war klar, dass vom Stiefvater keine Hilfe zu erwarten war. Als Anna ihm gegenüber den Berufswunsch ihres Sohnes äußerte, war seine Antwort: »Für den Bengel habe ich keinen Pfennig übrig!« Und der Großvater konnte von seiner kleinen Rente nichts abgeben. So schnell wollten aber weder Arthur noch Anna aufgeben. Hilfesuchend wandten sie sich an die Leitung der evangelischen Kirche ihres Landkreises, wo sie persönlich vorsprachen und ihr Anliegen vorbrachten. Der Leiter, Pastor Nolte, erklärte ihnen, dass Stipendien nur für junge Theologen bestünden, für evangelische Volksschüler aber kein Geld vorgesehen sei. Als Nächstes ersuchten sie Hilfe bei dem Generaldirektor des Kohlebergwerks, wo Arthurs Vorfahren seit Generationen beschäftigt waren. Sie hofften auf Verständnis für ihr Anliegen, denn Herr Grossmann kannte die Situation der einfachen Arbeiterfamilien gut. Er selbst stammte aus einer armen Bauersfamilie, die durch die ertragreichen Kohlegruben reich geworden war. Doch auch bei ihm fanden sie keine Unterstützung.

Enttäuscht musste Arthur erkennen, dass auch sein alter Lehrer Obermaier, für den er jahrelang im Dienst gestanden war, keinen Wert darauf legte, seinen treuen Schüler dabei zu unterstützen, in seine Fußstapfen zu treten. Schließlich blieb Arthur nichts anderes übrig, als schweren Herzens seinen Wunsch, Lehrer zu werden, aufzugeben. Doch seine Überzeugung blieb sein Leben lang: »Ich wäre mit Leib und Seele Lehrer gewesen.«

Mit versöhntem Herzen

Zwei Wochen vor Ostern 1914 wurde Arthur aus der Schule entlassen. Die Schulentlassungsfeier ging Hand in Hand mit der Konfirmation am 29. März. Der Schulleiter gab jedem Schulabgänger einen Ratschlag mit auf den Weg, den er höchstpersönlich gedichtet hatte. Zusammen mit dem Zeugnis erhielt auch Arthur sein Gedicht:

Genieße froh und heiter
das, was die Welt dir beut.
Doch bleib bescheiden weiter,
weil Stolz oft schon gereut.
Bedenke, dass die Einfachheit
manchmal den besten Kern umkleid't.

Und darunter: *Diese Worte deines wohlmeinenden Lehrers seien dir stets ein Seelenspiegel.*

Bevor die Konfirmanden am Sonntag vor dem Tisch des Herrn beten durften, musste Arthur als Klassenerster für sich und die anderen Konfirmanden zuerst bei dem Schulleiter »Abhilfe leisten«. Am Samstag vor der Konfirmation war er deswegen bei ihm vorgeladen: »Nun Arthur, was liegt dir auf dem Herzen, bevor du morgen mit deinen Klassenkameraden das heilige Fest der Konfirmation begehen willst?« Die Antwort hatte Arthur sich schon lange vorher überlegt: »Geehrter Herr Lehrer. Da wir nun morgen zum Tisch des Herrn treten und wir Sie oft erzürnt und geärgert haben, bitten wir Sie, uns unsere Übeltaten zu verzeihen, damit wir mit reinem Herzen das Abendmahl empfangen können.«

Diese Antwort wurde vom Schulleiter wohlwollend aufgenommen und gnädig verzieh er ihm und seinen Klassenkameraden alle Streiche und sonstigen Übeltaten, die sie während der Schulzeit begangen hatten. An den genauen Wortlaut dieser kollektiven »Sündenvergebung« konnte Arthur sich zwar schon bald nicht mehr erinnern, wohl aber daran, was ihm der Lehrer noch sagte: »Du hast mir wenig Ärger gemacht.« An diese Worte dachte Arthur sein Leben lang mit Freude.

Somit konnten die Konfirmanden am Sonntag mit »versöhntem Herzen« vor den Altar treten. Der Pastor hatte für Arthur einen Psalm als Konfirmationsspruch ausgesucht und in seiner schönsten Handschrift aufgeschrieben: *Ich will dich unterweisen und dir den Weg zeigen, den du gehen sollst; ich will dich mit meinen Augen leiten* (Psalm 32,8).

Welch große Bedeutung dieser Bibelvers in seinem Leben noch haben würde, ahnte Arthur aber an diesem Tag noch nicht.

Für Arthurs Konfirmation hatte Anna schon lange vorher gespart. Wie alle anderen Jungen sollte auch er einen schwarzen Anzug, ein weißes Hemd, schwarze Schuhe und natürlich einen Hut tragen. Den Anzug und das Hemd hatte sie selbst geschneidert und für Schuhe und Hut hatte auch der Großvater etwas Geld von seiner Rente beigesteuert.

Nach dem Gottesdienst wurde zu Hause im Familienkreis gefeiert. Für das Festmahl hatte Anna einen Braten gemacht, dazu gab es Klöße, Rotkohl und zum Nachtisch einen selbst gebackenen Mohnkuchen mit Streuseln. Am Nachmittag war Arthur zum Kaffeetrinken bei seinem alten Lehrer Obermaier eingeladen. Dessen ältester Sohn gab ihm anschließend die erste Zigarette seines Lebens – zum Zeichen dafür, dass er nun in den Kreis der Erwachsenen aufgenommen war. Tapfer rauchte Arthur seine Zigarette, denn schließlich wollte er ja auch dazugehören. Geschmack fand er allerdings nicht daran. Auch mit dem Denkspruch, den er von seinem alten Lehrer Obermaier anlässlich seiner Konfirmation bekam, konnte er wenig anfangen. Auf der Karte stand: *Jugend voran! Nun schreite im gleichen Schritt und trage die deutsche Seele mit!* Damit wurde der 14-jährige Arthur in die Arbeitswelt der Erwachsenen entlassen.

Liebe und Nestwärme

Nach wie vor hegte Arthur den Wunsch, Lehrer zu werden, und in seinem Herzen lebte die Hoffnung weiter, eines Tages dieses Ziel zu erreichen. Doch nun hieß es, Geld zu verdienen. Viele Möglichkeiten gab es dazu nicht, und so tat er das, was seine männlichen Vorfahren seit 50 Jahren getan hatten: Er ging zum Bergbau.

Dort Arbeit zu finden, war kein Problem, und schon drei Tage nach seiner Konfirmation trat Arthur seine Stelle auf dem Juliusschacht in Weißstein an. Sein Bruder Fritz arbeitete seit seiner Schulentlassung ebenfalls dort. Ihm und auch seinem guten Schulzeugnis verdankte Arthur, dass er nicht wie die anderen Jugendlichen unter Tage körperlich schwer arbeiten musste, sondern eine Anstellung im Büro bekam. Das Ausmaß dieses Unterschieds wurde ihm aber erst später klar, und im Nachhinein konnte er darin dankbar Gottes Führung sehen:

Als Bürolehrling musste ich mein Geld nicht mit der schweren Arbeit wie dem Beladen und Schieben der

Kohlewagen, Holzschleppen oder dergleichen Arbeiten verdienen. Während meine Kumpel in Schichten zu jeweils zehn Stunden bei Wind und Wetter, Hitze und Kälte schuften mussten, konnte ich stattdessen sauber gekleidet angenehm im Büro sitzen.

Arthur begegnet der Liebe seines Lebens

Das Samenkorn des Glaubens, das Großmutter Ernestine in Arthur gelegt hatte, als er ein kleiner Junge war, war im Laufe der Jahre in ihm gekeimt und begann nun, Früchte zu tragen.

Da er nicht Lehrer werden konnte, überlegte er sich eine andere Möglichkeit, wie er Kindern etwas beibringen konnte. Seine Großmutter und auch seine Mutter waren sonntags von klein auf mit ihm in die Kirche gegangen, wo er bis zu seinem Konfirmationsunterricht den Kindergottesdienst besucht hatte. Und nun hatte er den Wunsch, selbst in der Kinderkirche mitzuarbeiten. Mit Freude erzählte er sonntags der großen Kinderschar Geschichten aus der Bibel und brachte ihnen viele Lieder aus dem Gesangbuch bei. Zur Vorbereitung auf den Kindergottesdienst trafen sich die Helferinnen und Helfer jeden Mittwochabend im Pfarrhaus von Pastor Mündel.

So auch an einem lauen Abend im September 1916. Arthur hatte sich etwas verspätet und eilte zum Pfarrhaus. Als Pastor Mündel ihm die Tür öffnete, begrüßte er ihn mit den Worten: »Schön, dass du da bist. Wir haben heute eine neue Mitarbeiterin bei uns.«

Als Arthur in das Arbeitszimmer des Pastors trat, waren bereits alle versammelt. Eine zierliche junge Dame erhob sich und knickste leicht zur Begrüßung. Pastor Mündel stellte sie vor: »Das ist Johanna, sie wohnt in Altwasser[4] und möchte bei uns im Kindergottesdienst mitarbeiten.« Freundlich lächelnd nickte Johanna Arthur zu. Als ihre beiden Blicke sich trafen, wusste er gar nicht, wie ihm geschah. Ihr Lächeln fiel wie warme Sonnenstrahlen direkt in sein Herz, das vor Freude einen Sprung machte. So etwas hatte er noch nie erlebt. Wie ein Engel stand sie vor ihm, ihre klaren blauen Augen und ihr liebliches, gütiges Gesicht berührten ihn bis ins Innerste seiner Seele.

Ihr langes, braunes Haar war ordentlich zu einem geflochtenen Nest hochgesteckt, über einer weißen Bluse trug sie einen dunkelblauen Trägerrock. Wie verzaubert lächelte er verzückt zurück, dabei wurde ihm ganz warm ums Herz. Auch Johanna war angerührt von dem gut aussehenden, schüchternen, freundlichen jungen Mann, dessen graublaue Augen hinter den runden Brillengläsern eine gewisse Melancholie widerspiegelten.

Es war für beide Liebe auf den ersten Blick. An jenem Abend im Pfarrhaus von Pastor Mündel ging für Arthur eine Sonne auf, die ihm bis zu seinem Lebensende Licht und Wärme spenden sollte. Diese Begegnung war der Anfang einer unglaublichen Liebe zwischen zwei Menschen, wie nur Gott sie geben kann.

In den darauffolgenden Wochen und Monaten lernten sich Johanna und Arthur langsam näher kennen. Zunächst trafen sie sich nur mittwochabends zur Vorbereitung des Kindergottesdienstes bei Pastor Mündel sowie sonntags in der Kirche. Später machten sie Spaziergänge und Ausflüge und redeten stundenlang miteinander. Dabei war es Arthur so leicht ums Herz wie schon lange nicht mehr. Die Vögel schienen fröhlicher zu zwitschern, die Sonne schien heller zu strahlen als je zuvor. Die beiden entdeckten viele Gemeinsamkeiten. Johanna war im selben Jahr geboren wie Arthur, ihr Geburtstag war am 13. Mai 1900. Sie liebten beide die Musik, hatten Freude an der Natur und an Kindern. Von Anfang an fühlten sie sich durch ihren gemeinsamen Glauben an Gott tief miteinander verbunden.

Johanna war mit ihrem Bruder Ernst und ihrer Schwester Gretel in einem christlichen Elternhaus aufgewachsen, geprägt von einer herzensguten Mutter und einem liebevollen Vater. Beide Eltern hatten ihr von klein auf die Liebe Gottes vermittelt. Ihr Vater Sebastian war gelernter Porzellanmaler und arbeitete in der nahe gelegenen Porzellanmanufaktur, wo er Geschirr kunstvoll bemalte. Auch zu Hause nahm er oft den Pinsel zur Hand und malte wunderschöne Ölbilder. Am liebsten malte er Motive aus der Natur wie Hirsche im Wald oder Vögel in ihrem schillernden Federkleid. Als Johanna noch ein kleines Mädchen war, hatte er für die evangelische Kirche in Altwasser ein großes Bild gemalt, das Jesus im Garten Gethsemane zeigte. Seit vielen Jahren zierte es nun schon den Altarraum der Kirche.

Nach ihrem Schulabschluss im April 1914 hatte Johanna eine Anstellung als Schreibkraft bei der Fürstlich Plessischen Bergwerksdirektion in Waldenburg gefunden. Dort arbeitete sie auch noch, als sie und Arthur sich 1916 kennenlernten. Als nach Ende des Ersten Weltkriegs die eingezogenen Beamten des Bergwerks nach Hause zurückkehrten, musste Johanna Anfang 1919 ihren Arbeitsplatz jedoch räumen.

Im Juli 1919 trat Johanna ihre neue Stelle bei dem Salzbrunner Quellen-Versand in dem Kurort Bad Salzbrunn[5] an. Der Ort war nur etwa drei Kilometer von Altwasser entfernt, sodass sie weiterhin zu Hause wohnen konnte. Das Heilwasser der Salzbrunner Quellen war weithin bekannt. Johanna arbeitete knapp ein Jahr dort, doch dann wollte sie weitere berufliche Erfahrungen sammeln. Sie erhielt ein tadelloses Zeugnis:

Fräulein Johanna Jung aus Altwasser war vom 9. Juli 1919 bis 30. Juni 1920 als Kontoristin bei uns beschäftigt. Sie hatte den Handverkauf unter sich sowie die Führung der Lohnbücher, der Portokasse und des Arbeiterversicherungswesens. Fräulein Jung war pünktlich, fleißig, sehr gewissenhaft und von bescheidenem, wohl erzogenem und liebenswürdigem Wesen. Sie hat ihre Stellung aufs Beste ausgefüllt und verlässt sie auf ihren Wunsch, um sich anderweitig zu verbessern. Wir können Fräulein Jung für Vertrauensstellungen bestens empfehlen. Salzbrunner Quelle-Versand.

Eine neue Herausforderung fand Johanna im Büro der Carlshütte, einer Eisengießerei und Maschinenfabrik in ihrem Heimatort Altwasser. Doch die Luft war selbst in den Büros so schlecht, dass Johanna beinahe ständig unter Husten und Übelkeit litt. Auf Anraten ihres Arztes kündigte sie ihre Stellung deshalb nach nur etwa einem halben Jahr. Ihr Chef bedauerte dies, und stellte ihr ebenfalls ein gutes Zeugnis aus.

Da ihre Gesundheit angeschlagen war, blieb Johanna zur Erholung knapp zwei Jahre zu Hause, wo sie ihre Mutter im Haushalt unterstützte.. Im Januar 1923 trat sie dann eine neue Stelle bei der Knappschaft der Waldenburger Bergwerke an, wo sie in der Buchhaltung tätig war.

Von Liebe beflügelt und von Zweifeln geplagt

Johanna war Balsam für Arthurs Seele und beflügelte ihn wie nie zuvor. In ihr fand er das Glück seines Lebens. An Weihnachten 1922 erfüllte sie ihm einen Wunsch, den er schon lange gehegt hatte. Sie schenkte ihm ein Porträt, aufgenommen von einem Fotografen. Das ovale Bild, auf dem Johanna ihn strahlend anlächelte, war für Arthur das schönste Geschenk, das er seit Jahren erhalten hatte.

Seine Liebe zu Johanna erweckte in ihm eine poetische Ader, von der er vorher gar nicht gewusst hatte, dass er sie hatte. Nach einem Spaziergang an einem warmen Frühlingstag Ende März 1923 erfüllte ihn eine überschwängliche, bis dahin nie gekannte Freude, die er am Tag danach schriftlich zum Ausdruck brachte:

Gestern wanderte ich mit meiner lieben Johanna in das erwachende, junge Leben. Der warmen Sonne Strahlen in ihrem hellen Schein schufen reine Freude in unsrer Brust. Der wolkenreine Himmel ließ gar nicht zu, dass man ihn hätte jemals grau und unfreundlich sich denken können. Und der Sonntag wurde zum Sonnentag um uns und in uns. Ich lebte auf und die drückenden Sorgen schwanden, gleich den Nebeln, die noch am frühen Tag unser heimatliches Tal füllten. Klar und rein war die Luft, und begierig sogen wir diese Er-

quickung ein. Die Wangen färbten sich und die Blässe entwich dem frischen Rot, das die labende Luft und die Freude hervorriefen. Als wir den Wald durchschritten, drang im Chor der heimgekehrten Vöglein Lied an unser Ohr und in unser Herz. Schmetterlinge gaukelten vor uns her und erfreuten uns in ihrer buntfarbigen Pracht. Da strich der Wind zart und leise durch die Bäume. Es war ein seltsames Rauschen, so geheimnisvoll und doch voller Verheißungen, als hätte er uns noch viel zu verkünden von kommender Pracht und Sommerherrlichkeit, von Sommerlust und Freude. Wie glücklich uns das machte, froh und frei! Wir schritten über eine Wiese. Da grüßte uns ein Himmelsschlüsselchen mit freundlichem Blicke, doch so bittend, dass wir es stehen ließen. Vorsichtig unsere Füße setzend, gingen wir weiter. Da drang ein eigenartiges Brummen an unser Ohr, und wir bemerkten am Rande eines Teiches zahlreiche Frösche, denen das Frühjahr neue Gefühle entlockte. Alles deutete darauf hin, dass Majestät Winter sein Zepter niederlegen muss. »Winter ade, scheiden tut weh. Aber dein Scheiden macht, dass mir das Herze lacht.« So sangen einige Kinder, und uns war auch so zumute. Wir freuten uns, und diese reine Freude wurde erhöht durch das Gefühl unserer Zusammengehörigkeit, unserer Liebe. Sie gab neue Kräfte, neuen Mut und bestärkte unsere Hoffnungen, schuf neue Pläne, zauberte Träume und Schlösser hervor. Möchten sie sich erfüllen.

Gelegentlich wurde Arthurs Freude jedoch von dunklen Gedanken überschattet, und er fürchtete, dass sein Glück nicht lange anhalten würde. Als er eines Nachts von heftigen Kopfschmerzen geplagt wurde, machte er sich auf einmal Gedanken über das Sterben:

Als mich in der Nacht auf Freitag der Kopfschmerz gar so sehr hernahm, dachte ich auch an den Tod. Ich könnte mich wohl damit abfinden, sterben zu müssen, weiß ich doch, wo ich hinkomme. Aber dennoch, wenn ich Abschied nehmen sollte von meinem Hannerl, das würde mir das Sterben recht schwer machen. Ich habe wohl die anderen alle, die um mich sind, auch lieb, aber mehr noch als alle meine Hannerl.

Allmählich begannen Arthur und Johanna damit, Hochzeitspläne zu schmieden.

Bevor ihr Glück jedoch besiegelt werden konnte, tobten schwere Gewissenskämpfe in Arthur. Er fühlte sich seiner Mutter gegenüber verpflichtet, für sie und seine kleine Schwester Frieda zu sorgen. Doch wenn er Johanna heiraten würde, würde sein spärlicher Lohn kaum für sie beide reichen, geschweige denn auch noch für seine Mutter und Schwester.

So war er hin- und hergerissen zwischen den beiden Frauen, die ihm die Liebsten waren.

Was ihn dabei am meisten umtrieb, war jedoch nicht so sehr sein eigenes Glück, sondern das seiner Braut. Er sprach mit niemandem über das, was ihn Tag und Nacht beschäftigte, sondern schrieb sich seine Sorgen von der Seele:

Wäre es nicht besser gewesen, Hannerl hätte mich nicht kennengelernt? Wäre ihr nicht dadurch manche Sorge erspart geblieben, die ich verursachte? Mir ist vom Schicksal die Sorge und Pflicht zugewiesen, für Mutter und Schwester zu sorgen. Und darum soll ich verzichten. Verzichten, ein bitterböses Wort.

So rang Arthur monatelang mit sich selbst. Schließlich fühlte er sich wie in einer Sackgasse, aus der kein Weg zu führen schien. Er wurde übellaunig und reagierte gereizt, wenn Johanna ihn auf ihre Zukunftspläne ansprach. Hinterher tat ihm sein Verhalten jedes Mal leid, und er haderte noch mehr mit sich selbst. Eines Abends saß er verdrießlich am Küchentisch und grübelte vor sich hin. Was sollte er nur machen? Da kamen ihm auf einmal Worte in den Sinn, die seine trüben Gedanken verscheuchten. Es war ein Vers aus der Bibel, den seine Großmutter ihn gelehrt hatte, als er vier Jahre alt war. Seitdem hatte er nie wieder daran gedacht, doch nun erinnerte er sich plötzlich wieder klar und deutlich an das, was Gott selbst zu Jeremia gesprochen hatte. Seine Großmutter hatte bis zu ihrem Lebensende trotz oft widriger Umstände keinerlei Zweifel an der Wahrheit dieser Worte gehegt, sondern Trost und Hoffnung darin gefunden: *Denn ich weiß wohl, was ich für Gedanken über euch habe, spricht der Herr: Gedanken des Friedens und nicht des Leides, dass ich euch gebe Zukunft und Hoffnung* (Jeremia 29,11).

Dieser Augenblick war für Arthur ein Wendepunkt in seinem Leben. Plötzlich fiel es ihm wie Schuppen von den Augen, und er war um eine Weisheit klüger. Seine neu gewonnene Erkenntnis hielt er sogleich auf Papier fest:

> *Wir sind nicht zum Leiden geboren, sondern zum Handeln. Nicht passives Verhalten, sondern aktives Sein ist Leben. Nicht der Glaube allein führt vorwärts, sondern die Tat. Und selbst das innigste Gebet ist nicht imstande, selbst im Verein mit dem tiefsten Glauben, ohne ein Tun reale Werte hervorzuzaubern.*

Diese Erkenntnis beflügelte ihn, und er wusste endlich, was zu tun war. Seine Liebe zu Johanna war schließlich stärker als sein selbst auferlegtes Pflichtgefühl der Mutter gegenüber. Und so fasste er einen Entschluss, der sein Leben in andere Bahnen lenken sollte, den er aber zunächst nur seinem Tagebuch anvertraute:

Nein, ich verzichte nicht auf das, was mich bis jetzt so hoch beglückte. Merkwürdig ist es doch, dass sich all der Ärger und Gram, alle Verbitterung und Sorge legen kann, wenn man das Wesen um sich hat, das einen beglücken kann. Dass sie mir in ihrer grenzenlosen Liebe immer wieder vergibt, bin ich nicht wert. Sie verzeiht mir rückhaltlos, ohne Bedingung. An mir liegt es nun, mich zu bessern und ihr meine Liebe zu zeigen. Wie ich das tue, weiß ich noch nicht. Aber es muss anders werden mit mir, und Gott helfe mir.

Kurz vor ihrer Hochzeit kündigte Johanna ihre Stellung bei den Bergwerken, um sich ganz ihrem neuen Haushalt widmen zu können. Der Knappschaftsdirektor stellte ihr das Zeugnis fein säuberlich handgeschrieben aus:

Fräulein Johanna Jung aus Altwasser, geboren am 13. Mai 1900, ist vom 8. Januar 1923 bis heute in unserer Kasse als Gehilfin beschäftigt gewesen. Sie hat die ihr übertragenen Arbeiten stets mit vorbildlichem Fleiß und großer Gewissenhaftigkeit ausgeführt und sich durch Zuverlässigkeit, stets freundliches und williges Wesen ausgezeichnet. Ihre Führung war in jeder Hinsicht tadellos. Fräulein Jung verlässt ihre Stellung auf eigenen Antrag, um sich zu verheiraten. Unsere besten Wünsche für ihre Zukunft begleiten sie.

Waldenburg, den 30. April 1925.
Der Vorstand des Bezirksknappschaftsvereins
Niederschlesischen Knappschaft.

Von der Kälte in die Wärme

Am 5. Mai 1925 heirateten Arthur und Johanna in der evangelischen Kirche zu Altwasser. Sie hatten sich diesen Dienstag wegen des besonderen Datums – 5. Mai 1925 – als ihren Hochzeitstag ausgewählt. Pastor Mündel, der ihnen beiden seit mittlerweile fast zehn Jahren bekannt und vertraut war, vollzog die kirchliche Trauung. Ganz bewusst hatten Arthur und Johanna sich ihren Trauspruch selbst ausgesucht: *Ich aber und mein Haus wollen dem Herrn dienen.* (Josua 24,15)

Arthur hatte sich für Johanna eine besondere Überraschung überlegt: Er hatte ihren Trauspruch zu einem Kanon vertont, den der Kirchenchor während des Traugottesdienstes zum ersten Mal sang. Dieser Kanon wurde später noch oft im Kreise der Familie gesungen.

Die erste gemeinsame Wohnung des jungvermählten Paares befand sich im Gemeindehaus der evangelischen Pfarrgemeinde von Altwasser. Da sie beide Mitarbeiter der Kirche waren, hatte Pastor Mündel ihnen die Wohnung angeboten. Johanna machte aus der hübschen kleinen Zweizimmerwohnung ein gemütliches Nest, das überall Spuren ihrer Liebe und Warmherzigkeit zeigte. Sie hängte strahlend weiße Gardinen auf, stellte Blumentöpfe mit blühenden Pflanzen auf die Fensterbretter und legte hübsche, selbst bestickte Tischdecken auf die Tische. In ihrer Stube hängte sie ein gerahmtes Bild an die Wand mit dem Vers aus Johannes 6,68: *Herr, wohin sollen wir gehen? Du hast Worte des ewigen Lebens.* Wenn Arthur nach Feierabend nach Hause kam, wurde er von Johanna mit einem strahlenden Lächeln sowie dem köstlichen Duft eines guten Abendessens empfangen. Darauf freute er sich jeden Tag.

Zu Johannas 26. Geburtstag am 13. Mai 1926 schenkte Arthur ihr ein eigens für sie verfasstes Gedicht, in dem er seine große Liebe für sie zum Ausdruck brachte:

Meiner lieben Frau
Der Frühling blüht und frohe, heit're Lieder,
sie kehren nach des Winters hartem Bann

ins neu erwachte grüne Land nun wieder
und stimmen froh und heiter jedermann.
Und wem das Herz beschwert mit bangen Sorgen,
wem Not und Harm bleischwer das Herz bedrückt,
der lässt das Grämen an dem Frühlingsmorgen,
der fühlt von Lebenskraft sich neu beglückt.
So bist auch du der Frühling mir geworden.
Dein Sein ward *meinem* Licht und Sonnenschein.
Du trägst mit mir, bist Stütze mir geworden,
und froh begrüß ich den Geburtstag dein.
Nichts kann ich bieten dir an Erdenschätzen,
du weißt es selbst, mich drückt der Armut Pein,
doch meine Liebe soll es dir ersetzen,
sie will ich dir aufs Neue heute weih'n.

Dein Arthur

Aller guten Dinge sind vier

Zu Arthurs 27. Geburtstag machte Johanna ihm ein ganz besonderes Geschenk. Es war das schönste Geschenk, das Arthur sich vorstellen konnte, denn an jenem Dienstag im Januar 1927 brachte Johanna in der Schlafstube ihrer Wohnung ihr erstes Kind zur Welt.

Die Geburt hatte lange gedauert, und schließlich hatte die herbeigerufene Hebamme das Baby mit der Zange herausziehen müssen. Als Arthur endlich die ersten Schreie des Babys hörte, klang es für ihn wie Musik in den Ohren, und er dankte Gott für die Bewahrung von Mutter und Kind. Es war ein kleiner Junge, gesund und munter. Johanna und Arthur gaben ihm den Namen Günter. Der Kleine entwickelte sich prächtig und war der Sonnenschein der kleinen Familie.

Da die Zweizimmerwohnung nun etwas eng wurde, zogen Arthur und Johanna mit ihrem Günter noch im selben Jahr in das wenige Minuten entfernte Ober-Altwasser, wo sie in dem neu gebauten Gemeindehaus der evangelischen Kirchengemeinde eine größere Wohnung mieten konnten.

Im Frühling 1930 gründete Arthur einen Kirchenchor, dessen Mitgliederzahl bald auf eine beachtliche Höhe von über 50 Sängerinnen und Sängern anwuchs.

Kurz vor Weihnachten 1930 gesellte sich ein zweites Kind zu der glücklichen Familie. Johanna brachte noch einen kleinen Jungen zur Welt und seine Eltern gaben ihm den Namen Walter. Aufgrund der allgemein angespannten Wirtschaftslage fiel das Weihnachtsfest für die Familie in jenem Jahr zwar sehr bescheiden aus, dennoch fühlten Arthur und Johanna sich überreich beschenkt.

Noch ahnten sie nicht, dass ihre Kinderzahl sich ganz überraschend verdoppeln würde. Doch bis es so weit war, vergingen beinahe sechs Jahre. Sobald Johanna sich ihrer Schwangerschaft sicher war, teilte sie Arthur mit: »Ich bin nicht mehr alleine! Wir bekommen ein drittes Baby!« Arthur freute sich mit ihr, obgleich er sich um das Wohl seiner Frau sorgte. Am liebsten hätte er ihr die Last der Schwangerschaft abgenommen, doch nun blieb ihm nichts anderes übrig, als abzuwarten. Wenige Wochen vor der Geburt überschattete ein trauriges Ereignis die Vorfreude der werdenden Eltern. Im August 1936 starb Johannas Vater plötzlich und unerwartet. Arthur ließ sich die Sorge um seine schwangere Frau nicht anmerken, doch er schrieb sie in sein Tagebuch nieder:

> *Ich hoffe, dass mein Hannerl diesen schweren Schlag gut verkraftet, und dass der Schrecken und die Trauer ihrem Zustand nicht gefährlich werden.*

Die begründeten Befürchtungen von Arthur stellten sich jedoch nicht ein. Die Schwangerschaft verlief ohne Komplikationen weiter, bis Arthur am 3. September 1936 kurz vor Feierabend plötzlich einen Anruf erhielt. Er saß wie gewöhnlich im Büro der Grubenverwaltung in Weißstein und war gerade dabei, seinen Schreibtisch aufzuräumen, als das Telefon klingelte. Es war die Nachbarin, die ihn von der bevorstehenden Geburt seiner Frau informierte: »Arthur, komm schnell heim, es geht los!« Erschrocken überlegte Arthur: »Jetzt schon? Wäre das nicht etwas früh?« Ihren Berechnungen zufolge waren bis zur Geburt noch beinahe drei Wochen Zeit. Schnell rief Arthur vom Büro aus die Dorfhebamme an, die Johanna bereits während ihrer ersten beiden Schwangerschaften betreut hatte. Dann eilte er nach Hause. Die herbeigerufene Hebamme, die kurze Zeit später ankam, legte ihr Hörrohr an Johannas dicken Bauch und stellte fest: »Die Herztöne des Babys sind laut und deutlich zu hören. In ein paar Stunden wirst du dein Baby in den Armen halten.« Sie sollte recht behalten. Um 19.30 Uhr an jenem Donnerstagabend wurde das Baby geboren. Es war wieder ein Junge. Er war gesund, aber viel kleiner als seine beiden Brüder es bei ihrer Geburt gewesen waren. Nachdem die Hebamme das Baby gewaschen und in ein warmes Tuch gewickelt hatte, brachte sie es zu Arthur, der im Wohnzimmer ausharrte. Behutsam legte sie es in die Arme des frischgebackenen Vaters und sagte: »Herzlichen Glückwunsch, Arthur! Ihr habt wieder einen kleinen Jungen, getreu dem Motto: Aller guten Dinge sind drei!« Kaum hatte sie fertig gesprochen, wurde sie von Johanna gerufen. Sie eilte zurück ins Schlafzimmer, und zwei Minuten später hörte Arthur die Hebamme aufgeregt schreien: »Es kommt noch eins!« Arthur beschrieb diesen ergreifenden Augenblick später so:

Diese Nachricht ging mir wie eine kalte Dusche den Rücken hinab. Und das vierte Kind kam. In diesen bangen Minuten war es mir zur Gewissheit: es wird ein Mädel sein. Diese Hoffnung hatte ich schon seit der Mitteilung der erneuten Schwangerschaft. Aber es kam – noch ein Junge! Nun hatten wir zwei gleich aussehende Menschlein, so zart, dass wir kaum Hoffnung hatten, sie großziehen zu können.

Doch als schließlich die kleinen, eineiigen Zwillinge beide wohlbehalten in Johannas Armen schlummerten, faltete Arthur die Hände zu einem Dankgebet. Er dankte Gott für die Bewahrung während Johannas Schwangerschaft und der Geburt, für den unerwarteten Zwillingssegen und für die beiden gesunden, kleinen Jungen.

Der um wenige Minuten ältere der beiden erhielt den Namen Werner, und nach einigem Überlegen fanden Johanna und Arthur auch für ihr Überraschungsbaby einen Namen und nannten es Reinhard. Um die beiden nicht zu verwechseln, band Johanna ein blaues Bändchen um Werners Handgelenk.

Was ist es denn?

Die Nachricht von der unverhofften Zwillingsgeburt löste teils spaßige, teils bestürzte Reaktionen aus. Großmutter Anna war so überrascht, dass ihr erst einmal schlecht wurde. Nachdem sie sich von dem Schrecken erholt hatte, staunte sie: »Wie können in einer so schmächtigen, zierlichen Frau wie Johanna gleich zwei Babys heranwachsen?« Johannas verwitwete Mutter war zunächst ebenfalls erschrocken, doch mehr aus Sorge um ihre Tochter und wie diese es verkraften würde, statt zwei nun auf einmal vier Kinder zu versorgen.

Am nächsten Morgen ging Arthur in die Wohnung des Hausmeisters, wo sich das einzige Telefon im Haus befand. Er rief seinen Chef an, um ihm mitzuteilen, dass er aus familiären Gründen an diesem Tag erst am Nachmittag ins Büro kommen würde. Die Frau des Hausmeisters war über die Nachricht der Zwillingsgeburt so aufgeregt, dass sie, so wie sie war, im Morgenrock und mit Lockenwicklern im Haar, zu Johanna in die Wohnung hinaufrannte, um das Wunder mit ihren eigenen Augen zu sehen. Arthur führte in der Zwischenzeit ein zweites Telefongespräch, um seine Schwester von dem Ereignis zu informieren. Als sie sich meldete, sagte Arthur: »Stell dir vor, Frieda, Hannchen hat gestern Abend entbunden!« Freudig fragte Frieda: »Ist es ein Mädchen?«, woraufhin Arthur antwortete: »Nein.« Daraufhin Frieda: »Dann ist es ein Junge?« Arthur grinste still in sich hinein und antwortete wieder: »Nein!« Nun wurde Frieda stutzig und rief schrill ins Telefon: »Ja, was ist es denn?« Arthur konnte sich das Lachen nicht mehr verkneifen und verkündete fröhlich: »Zwillinge, es sind *zwei* Jungen!« Am anderen Ende der Leitung herrschte Stille. Frieda hatte es förmlich die Sprache verschlagen, sie brachte vor Überraschung kein Wort mehr heraus.

Die erste Zeit mit den Zwillingen hielt Arthur später in seinem Tagebuch fest:

Ja, unsere Zwillinge! Welche Arbeit hatte unsere Muttel mit den zarten, semmelgroßen Menschlein. Welche Mühe hat sie sich gemacht, um die winzigen, noch nicht je fünf Pfund schweren, aber ganz normalen Kindlein zu erhalten! Welche Beschwerden hatte sie, jedem von sich aus die nötige Nahrung zu geben. Welche Opfer an Schlaf, Gesundheit und Kraft brachte sie auf, nicht nur die beiden Jüngsten, sondern auch die älteren beiden zu betreuen. Wenn ich heute daran denke, dann erscheint es mir kaum möglich zu sein, dass eine Frau von der Art unserer Mutter so viel Kraft, so viel Liebe, so viel Willen aufbringen kann. Aber sie hat es getan und vollbringen können. Und das danke ich ihr heute noch!

Günter und Walter freuten sich riesig über ihre beiden kleinen Brüderchen. Sie waren fasziniert von den winzigen Menschlein, die sich so ähnlich sahen, dass selbst sie und ihre Eltern die ersten Wochen auf das blaue Bändchen um das Handgelenk von Klein Werner schauen mussten, um die Zwillinge zu unterscheiden. Schnell waren sich die großen Brüder einig, dass jeder »seinen eigenen« Bruder unter seine Fittiche nehmen würde. Günter entschied sich für Reinhard, und Walter nahm Werner. Und obwohl ihre Eltern, und vor allem ihre Mutter, am Anfang kaum noch Zeit für sie hatten, kannten sie keine Eifersucht. Im Gegenteil, mit Begeisterung teilten sie die Freude ihrer Eltern, wussten sie sich doch von ihnen geliebt und fühlten sich geborgen.

Ein neues Zuhause

Die Geborgenheit ihres liebevollen, von tiefem Glauben geprägten Elternhauses ließen Günter, Walter, Werner und Reinhard zu fröhlichen, hilfsbereiten und fleißigen Jungen heranwachsen. Noch herrschte auch Frieden in ihrer Heimat.

Im Herbst 1938 wechselte Arthur vom Juliusschacht der Fuchsgrube in Weißstein zur Seegen-Gottes-Grube in dem nahe gelegenen Altwasser. In einer Seitenstraße gleich gegenüber des Verwaltungsgebäudes befand sich ein Wohnhaus mit zwei Dienstwohnungen für Grubenangestellte. Eines Abends kam Arthur mit Neuigkeiten von der Arbeit nach Hause: »Eine der Dienstwohnungen wird bald frei. Wenn wir wollen, können wir dort einziehen.« Kurz darauf besichtigte die sechsköpfige Familie die Wohnung im Erdgeschoss des zweistöckigen Hauses. Die Zimmer waren geräumig und hell; außer dem Schlafzimmer für die Eltern gab es noch zwei weitere Schlafzimmer, sodass sich sowohl Günter und Walter als auch Werner und Reinhard jeweils ein Zimmer teilen konnten.

Hinter dem Haus erstreckte sich eine große Wiese mit Apfelbäumen, daneben befand sich ein Teich, der künstlich angelegt worden war, um bei Bedarf als Löschteich für die Grube zu dienen. Alle waren begeistert, und wenige Wochen später zog die Familie in ihr neues Heim. Nun konnte Arthur in der Mittagspause zum Essen nach Hause kommen, worüber sich alle freuten. Die vier Jungen konnten nach Herzenslust in dem Garten und auf der Wiese toben und spielen. Johanna legte große Obst- und Gemüsebeete an. Arthur baute für sie einen Hühnerstall, und Johanna konnte sich ihren lang gehegten Wunsch nach eigenen Hühnern erfüllen.

Den ganzen Sommer über liefen die Jungs wie die meisten anderen Kinder im Dorf barfuß. Bei schönem Wetter spielten sie draußen Verstecken, Fangen oder Bockhüpfen. Ganz besonders jauchzten die kleinen Zwillinge, wenn Günter und Walter mit ihnen Pferd spielten. Dann wurden die beiden großen Brüder zu Pferden, auf denen Reinhard und Werner reiten durften. Günter und Walter wurden nicht müde, immer wieder dieses Spiel mit ihren kleinen Brüdern zu spielen und hatten selbst den größten Spaß, wenn ihre kleinen Reiter hoch oben auf ihren Schultern vor Freude jubelten.

Im Winter versammelten sich die Kinder an dem zugefrorenen Teich und rutschten auch ohne Schlittschuhe über das Eis oder spielten mit Ästen Eishockey. Da sie keinen Ball hatten, nahmen sie einen Stein oder eine alte Blechdose, je nachdem, was gerade vorhanden war.

Am schönsten aber waren die gemeinsamen Familienabende. Wenn Arthur nach Feierabend nach Hause gekommen war und sie Abendbrot gegessen hatten, wurde oft gemeinsam musiziert. Dann holte Arthur seine Geige hervor, Johanna setzte sich ans Klavier, und sie sangen alle die ihnen vertrauten Kirchenlieder.

Der Krieg rückt näher

Das harmonische Leben sollte sich im Laufe des folgenden Jahres ändern, denn die Schatten des bevorstehenden Kriegsausbruchs verdunkelten bereits ab März 1939 die hellen, unbeschwerten Tage und trübten das Glück der Familie. Am 25. März wurde die Jugend-Dienstpflicht für alle Kinder und Jugendlichen ab 10 Jahren eingeführt. Bis dahin war die Mitgliedschaft bei der Hitlerjugend freiwillig gewesen, doch nun konnte die Mitgliedschaft auch gegen den Willen der Eltern erzwungen werden. Hätten Arthur und Johanna die Mitgliedschaft für Günter verweigert, hätten sie riskiert, dass Günter in ein Erziehungsheim gesteckt worden wäre. So fügten sie sich schweren Herzens, und Günter trat unfreiwillig der Hitlerjugend bei.

Als am 1. September 1939 mit dem Überfall der deutschen Wehrmacht auf Polen der Zweite Weltkrieg begann, ahnten weder Johanna und Arthur noch ihre vier Jungen, welche verheerenden Auswirkungen dies noch auf ihre Familie haben würde. Doch vorerst verlief ihr

Leben in einigermaßen geregelten Bahnen weiter. Arthur hatte sich mittlerweile in seiner Position als Lagerverwalter bei den Bergwerken so weit hochgearbeitet, dass er als »unabkömmlich« eingestuft und deswegen nicht in den Kriegsdienst eingezogen wurde. Die ganze Familie war froh und dankbar darüber, dass Arthur nicht wie die meisten anderen jungen Männer an der Front kämpfen musste, doch die Auswirkungen des Krieges erreichten immer mehr auch ihr alltägliches Leben.

Am 1. September 1942, zwei Tage vor ihrem sechsten Geburtstag, wurden Reinhard und Werner in der Grundschule von Altwasser eingeschult. Als sie an diesem Dienstagmorgen mit ihren Schultüten zum ersten Mal durch die Schulpforte gingen, wussten sie noch nicht, dass sie nur drei Jahre später wieder »ausgeschult« werden würden.

Im Herbst 1944 wurde die Schule aufgrund der zunehmenden Anzahl an Kriegsverletzten zum Lazarett umfunktioniert. Den Schulkindern und den noch verbliebenen Lehrern wurde stattdessen das ehemalige alte Schulgebäude in der Nähe des Bahnhofs zugewiesen. Da mittlerweile auch alle wehrtauglichen Lehrer in den Krieg eingezogen worden waren, bestand das Lehrerkollegium aus pensionierten Lehrern oder solchen, die mit Kriegsverletzungen nach Hause zurückgekehrt waren und ihren Dienst in der Schule wieder aufgenommen hatten.

Etwa um dieselbe Zeit wurde Arthur für den Dienst der Stadtwacht verpflichtet. Da auch die meisten Polizisten von Waldenburg in den Krieg eingezogen worden waren, wurde den neu auserkorenen Nachtwächtern die Polizeigewalt übertragen. Mit Gewehren ausgerüstet, war es ihre Pflicht, bei Einbruch der Dunkelheit bis tief in die Nacht hinein im Ort Streife zu laufen. Während ihrer Patrouille mussten sie darauf achten, dass alles verdunkelt war. Die Straßenlaternen wurden ausgeschaltet, und wenn in einem Haus noch Licht brannte, mussten sie die Bewohner dazu anhalten, es auszuschalten. Die Dunkelheit sollte vor eventuellen Luftangriffen bei Nacht schützen.

Verbotene Freundschaft

Günter war nach seinem Schulabschluss 1941 in die Fußstapfen seines Vaters getreten und arbeitete seitdem ebenfalls bei der Bergwerksverwaltung. Im Gegensatz zu Arthur konnte Günter jedoch den Beruf erlernen, den er wollte. Seit seiner frühen Kindheit malte und zeichnete er gerne. Deshalb freute er sich, eine Lehre zum Markscheider machen zu können, denn so konnte er sein Zeichentalent auch beruflich entfalten. Während der Ausbildung lernte er, Schächte zu vermessen, die Bergbau-Anlagen grafisch darzustellen und technische

Zeichnungen anzufertigen. Diese an sich dreijährige Lehre wurde kriegsbedingt auf zwei Jahre verkürzt, sodass Günter bereits im Jahr 1943 mit seiner Ausbildung fertig wurde.

Eines Tages, kurz nachdem Günter seine Lehre erfolgreich abgeschlossen hatte, bat sein Chef ihn in sein Büro und teilte ihm mit: »Ab morgen bekommst du zwei neue Kollegen. Wir müssen sie bei uns beschäftigen, Befehl von oben. Sie sind ebenfalls ausgebildete Zeichner und werden als Zwangsarbeiter zu uns geschickt. Einer kommt aus Italien, der andere ist Franzose. Und noch etwas: Jeglicher Kontakt zwischen euch ist strengstens verboten! Die beiden kommen aus den feindlichen Lagern, also hüte dich davor, Bekanntschaft mit ihnen zu machen!«

Und so kam es zu einer äußerst merkwürdigen Situation. Von nun an teilte Günter sein Büro mit den beiden jungen ausländischen Männern, die eigentlich kein Interesse daran hatten, weit fort von zu Hause in der Fremde zu arbeiten. Sie konnten kein Deutsch, und auch ihnen war es streng untersagt, Kontakt mit Günter zu haben. Anfangs herrschte deshalb eisiges Schweigen im Büro. Mazari, der junge Italiener, begann jedoch bald, die für alle unangenehme Atmosphäre aufzulockern, indem er Günter eines Tages wortlos eine Zeichnung auf seinen Schreibtisch schob. Als Günter erkannte, was sein italienischer Kollege gemalt hatte, konnte er sich das Lachen nicht verkneifen. Es war eine Karikatur, so trefflich gezeichnet, dass man sofort erkennen konnte, dass es sich dabei um Günter handelte. Von dem Moment an war das Eis gebrochen, und die jungen Männer verständigten sich schweigend miteinander, indem sie sich heimlich Zeichnungen zusteckten.

Langsam, aber sicher entwickelte sich eine Freundschaft zwischen den dreien, ganz ohne Worte. Zu gerne hätte Günter die beiden mit nach Hause genommen, um ihnen eine Abwechslung ihres recht eintönigen Alltags zu bieten. Doch das war ebenfalls strengstens verboten. Auch Johanna und Arthur hatten Mitleid mit den beiden jungen Männern, die unfreiwillig und weit weg von ihrem Zuhause zuerst mit Hunderten anderer Zwangsarbeiter in ein Internierungslager gesteckt und dann zum Dienst bei den Bergwerken in Waldenburg verpflichtet worden waren. Doch Arthur hatte eine Idee. Er beauftragte die beiden damit, die ihm wöchentlich zustehende Kohleration bei ihm zu Hause abzuliefern und in die Kohlebehälter zu räumen. Jedes Mal, wenn sie im Keller mit dem Kohleeinräumen beschäftigt waren, steckte Johanna ihnen etwas zu. Je nachdem, was sie selbst gerade hatte, gab sie ihnen Kuchen, Obst oder gebratenes Fleisch mit. Immer wieder gab sie außerdem Günter vom Mittagstisch übrig gebliebenes Essen mit ins Büro, das er heimlich mit seinen Kollegen teilte. Und Arthur half ihnen, indem er von seinen eigenen Deputatzuteilungen in Form von Lebensmitteln etwas für sie abzwackte. Dankbar nahmen sie die Gaben an.

Arthur und Johanna waren sich sehr bewusst, dass sie sich selbst in große Gefahr brachten, doch das hinderte sie nicht daran, den jungen Zwangsarbeitern ein Stück Heimat in der Fremde zu geben. In tiefem Gottvertrauen liebten sie schweigend diese beiden fremden jungen Männer, als ob es ihre eigenen Söhne wären. Eines Tages sprachen Arthur und Johanna darüber, dass es ihrem Günter möglicherweise einmal ähnlich ergehen könnte, und als ob Johanna etwas ahnte, sagte sie zu Arthur: »Wenn unser Günter in den Krieg eingezogen werden sollte, dann hoffe ich, dass es dort auch Menschen gibt, die es gut mit ihm meinen.«

Gestörter Frieden

Die Veränderungen, die das Jahr 1944 bis dahin mit sich gebracht hatte, waren für Arthur, Johanna und ihre vier Söhne zwar gewöhnungsbedürftig, aber noch nicht sehr belastend. Noch waren sie alle zusammen, und sie waren froh und dankbar, dass Arthur auch weiterhin nicht wie die meisten anderen wehrtauglichen Männer in seinem

Alter an die Front geschickt wurde. Nach wie vor galt er in seiner Position beim Bergbau als unabkömmlich. Doch ihr Familienfriede sollte von einem Tag auf den anderen zerstört werden.

Am 18. Oktober 1944 wurde Günter zum Reichsarbeitsdienst, kurz RAD, eingezogen. Die Aufforderung dazu erfolgte durch ein amtliches Schreiben:

Hiermit wird Günter Seidel aufgefordert, sich binnen 48 Stunden beim Reichsarbeitsdienst in Liebenau[6] *zur militärischen Grundausbildung zu melden. Dieser Aufforderung ist unbedingt Folge zu leisten. Auf Dienstverweigerung steht die Todesstrafe.*

So musste Günter Hals über Kopf noch am selben Tag seinen Koffer packen und sich auf die lange Reise nach Westpreußen in das Arbeitslager von Liebenau machen. Mit der Bahn fuhr er an jenem Mittwoch von Waldenburg los und erreichte erst am nächsten Tag sein Ziel. Nachdem er im Lager angekommen war, schrieb er gleich den ersten Brief an seine Familie:

RAD, 19. Oktober 1944
Lieber Vatel, liebe Muttel und Brüder!
Endlich sind wir hier in Liebenau angekommen. Heute um drei Uhr marschierten wir ins Lager ein. Vor-

läufig liegen wir noch durcheinander, d. h. die Sachen müssen alle noch im Koffer bleiben bis morgen, dann werden wir eingeteilt. In unserer Bude ist es saukalt. Drillichsachen haben wir schon erhalten. Aber was mir, d. h. uns nicht passt, ist, dass wir nur am Abend eine halbe Stunde Licht bekommen. Da lässt sich nicht viel schreiben, da hat man nur zu tun, um Kleider, Schuhe, Essgeschirr und dergleichen mehr sauber zu halten. Es ist verdammt wenig Zeit. Die Gegend ist sehr eintönig und monoton. Mit dem Essen während der Reise bin ich ausgekommen. In Posen haben wir Kaffee erhalten, aber es wäre auch ohne denselben gegangen. Wie der Dienst hier noch werden wird, weiß man noch nicht, na jedenfalls aber lebhaft. Ich habe nun gehört, es soll bis zum Januar dauern. Na, es muss eben mitgemacht werden. Wenn du kannst, lieber Vater, schicke mir doch bald etwas Briefpapier her. Nun will ich für heute schließen. Meine Anschrift hier lautet: »Arbeitsmann Günter Seidel, 5a Liebenau, Kreis Tuchel (Westpreußen), R. A. D. Abteilung 4/21«

Es grüßt Euch vielmals Euer Günter.

Schnell wurde klar, dass die jungen Männer in kürzester Zeit auf einen Einsatz an der Front vorbereitet werden sollten. Günter und seine Familie blieben in engem Kontakt, indem sie sich beinahe täglich Briefe schrieben.

Die tiefe Liebe seiner Familie, verbunden mit dem festen Glauben an Gott, war für Günter eine unversiegbare Quelle der Kraft.

Sein Tagesablauf beim RAD war von morgens bis abends streng geregelt. Freizeit oder persönliche Rückzugsmöglichkeiten gab es fast keine, selbst die Abende waren oft verplant. In seinen nächsten Briefen an seine Eltern und Brüder erzählte Günter von dem harten Alltag beim RAD:

Liebenau, 22. Oktober 1944

Mein lieber Vatel, liebe Muttel und meine lieben Brüder, heute zum Sonntag ist einmal ein wenig Zeit. Schnell will ich an Euch ein paar Zeilen senden. Mir geht es noch gut. Essen haben wir genug, d.h., man kommt gerade aus damit. Vorhin war unser Vormann hier, der meinte, dass in den nächsten Wochen fast keine Zeit zum Schreiben bleiben wird. Nun wundert Euch bitte nicht, wenn einmal etwas Post ausbleibt. Wir haben ja nach seinen Aussagen unheimlich viel Ausbildung mit Tornister, Gasmasken, Gewehren, Stahlhelmen und Zeltbahnen und dergleichen mehr. Morgen, d.h. am Montag, beginnt die erste Ausbildung. Uns graut schon davor. Ob wir einmal auf Urlaub kommen werden, ist noch sehr fraglich. Sonst geht es ganz gut hier, jedoch Lesen, Lernen usw. fällt vollkommen flach. In unserem

Zimmer ist es furchtbar kalt, jetzt haben wir endlich etwas Kohle bekommen. Nun können wir ja etwas heizen. Morgens geht es schon um 5.30 Uhr aus dem Bett, dann heißt es in 30 Minuten angezogen und gewaschen sein, außerdem müssen das Bett, der Spind und die Stube in Ordnung sein.

Liebenau, 29. Oktober 1944

Mein lieber Vatel, liebe Muttel und Brüder!

Zunächst meinen aufrichtigsten Dank für Eure Liebesgaben. Es kam mir alles sehr zurecht. Vor allen Dingen die Hutzel und anderen Leckereien, alles, nochmals gesagt, alles. Mit dem Essen geht es ganz gut hier, vor allem mit der Schmiere wird nicht gespart. Es ist wahr, von Butter bekommen wir reichlich, an Wurst und Käse auch. Es vergeht kein Tag, dass wir mal nur Butterbrot futtern, und immer gibt es etwas dazu. Der Dienst hat nun an Heftigkeit zugenommen. Alle Tage 2–3 Stunden Ausbildung, was das heißt, das kann man nur begreifen, wenn man das einmal mitgemacht hat. Hier heißt es nur »Hin – auf – zurück – in den Wald – Achtung« usw. Wenn man dann mittags heimkommt, hat man ganz anständig Kohldampf. Nachmittags hat man wieder Unterricht, entweder Wehrertüchtigung, Geländebeschreibung oder sonst irgendwelchen Quatsch. Dazu kommt noch das Stubesäubern, Kleider- und Schuhe-

putzen. Man hat abends zu dieser Arbeit nur eine halbe Stunde Zeit. Das kommt daher, dass es hier keinen elektrischen Strom gibt, und so haben wir in unserem Lager einen Dynamo, welcher durch Betriebsstoff in Tätigkeit gesetzt wird. Überhaupt die ganze Gegend ist »scheiße« hier.

Auf unsrer Stube sind wir 16 Mann, alles gute Kameraden. Vergangene Woche haben wir Gewehre erhalten, und zwar jede Stube drei deutsche Karabiner, und sieben Mann haben noch diese langen französischen Karabiner erhalten. Jeder bekam noch ein Paar Socken, zwei Paar Handschuhe, ein Handtuch, drei Taschentücher, einen Mantel und einen Kopfwärmer. Unsere Zivilsachen wurden nicht zurückgesandt, die bleiben, bis wir zurückkommen. Man zählt ja schon die Tage danach. Urlaub gibt es keinen in diesem Vierteljahr. Na, das ist egal. Die Zeit wird schon vergehen, man macht den Dienst sowieso bloß stur mit. Anschisse hat es schon genug gegeben hier, dabei lernt man so manche Ausdrücke von den Ausbildern kennen. Aber auch diese Brüllereien sterben langsam ab. Unser Ausbilder, ein Haupt-Truppführer im Range eines Feldwebels, ist auch schon ruhiger geworden. Nun liebe Eltern, wenn es wieder einmal passt, es muss nicht bald sein, schickt wieder einmal ein paar Plätzchen, sonst nichts, ich habe alles und genug. Man weiß nicht wohin mit den

Sachen. Fliegeralarm haben wir noch keinen gehabt, nur müssen wir immer alles bereit haben, wenn, ich betone, wenn es einmal einen Überfall durch Partisanen geben sollte. Ihr braucht deswegen aber keine Angst und Sorge zu haben.

Aus Spiel wird Ernst

Günter erhielt regelmäßig ebenso viele Briefe von seiner Familie, wie er an sie schrieb. Die Zustellung der Post funktionierte gut, und er freute sich jedes Mal besonders, wenn seine Mutter ihm Plätzchen schickte. Ohne zu klagen absolvierte er seinen Dienst, obwohl es zunehmend härter wurde. Richtig erfassen konnte der 17-Jährige aber nicht, dass er im Begriff war, Soldat zu werden. Was noch vor einem Jahr für ihn und seine Brüder Spiel gewesen war, wurde nun bitterer Ernst. In den Briefen, die Günter in den folgenden Tagen und Wochen schrieb, ließ er etwas von der Härte seines Alltags durchblicken.

Liebenau, 6. November 1944
Lieber Vatel, liebe Muttel und Brüder!
Ich bin heut zur Hauptwache abkommandiert und habe somit genügend Zeit, mich für Euren lieben Brief

zu bedanken. Der Dienst hat an Heftigkeit noch zugenommen. Sonst ist alles noch in Ordnung. Die Witterung ist kalt, neblig und regnerisch. In den Buden machen wir es uns aber gemütlich und warm. Wir sind nun hier auch schon zwei Mal geimpft worden, einmal in den Arm und einmal in die Brust, aber es ist alles gut gegangen. Nur ist es kein schönes Gefühl, wenn man denkt, dass man das schöne Weihnachtsfest nicht zu Hause mitfeiern kann. Na, das ist der Krieg! Nun freue ich mich schon gewaltig auf die Plätzchen, die ja morgen oder in den nächsten Tagen eintrudeln werden. Wenn man so bedenkt, dass man vor einem Jahr noch Soldat gespielt hat und nun heute vor der vollendeten Tatsache steht, so ist einem das alles wie ein Märchen. Wir ziehen hier zur Hauptwache einen Doppelposten auf. Jedermann bekommt zehn Schuss Munition, und nun wird jedem, dem man beim Patrouillieren begegnet, ein scharfes »Halt, wer da – Parole!« entgegengebrüllt. Ja, Träume sind nun Wirklichkeit geworden.

Nun, lieber Vatel und liebe Muttel, muss ich schließen. Seid nun vielmals gegrüßt von Eurem Günter.

Liebenau, 10. November 1944

Lieber Vatel, liebe Muttel und Brüder,
heute ist es nun höchste Zeit, dass ich mich für Euer Päckchen bedanke. Ich habe mich darüber ungemein

gefreut. Die Plätzchen waren wieder ausgezeichnet. Am Sonntag, dem 12. November, haben wir unsere Vereidigung. Da gibt es für jeden eine Zuteilung von Zigaretten. Auch glaube ich, dass die Ausbildung nicht mehr so straff sein wird wie bisher. In der Zwischenzeit aber freue ich mich auf das Karnickel, wenn ich wieder vom RAD entlassen bin. Heute wurden wir wieder geimpft, und zwar auf die Brust. Danach ist Putz- und Flickstunde, Kleiderappell und Abendessen. Und so vergeht ein Tag nach dem anderen. Natürlich würde alles viel mehr Spaß machen, wenn es wärmer wäre. Jetzt kann ich gerade noch den Bleistift so in den Fingern halten. Na, die Zeit wird schon vergehen.

Nun, liebe Eltern und Brüder, will ich schließen.

Es grüßt Euch vielmals

Euer Günter

Liebenau, 13. November 1944

Mein lieber Vatel!

Ich erhielt heut Deinen lieben Brief, und danke Dir dafür vielmals. Gestern fand unsre Vereidigung mit dem Volkssturm, der auch hier nun aufgestellt worden ist, statt. Wir standen während dieser Feier im Freien und haben somit ganz unsinnlich gefroren. Am Nachmittag war dann Ausgang in die Kneipe. Es gab kostenlos Bier, und das hatte zur Folge, dass die ganze Ab-

teilung die Scheißerei bekam (alles andere mündlich). Außerdem ist in unsrer Stube noch einer erkrankt, vermutlich an Scharlach. Unsre Stube wird somit ab heute gesperrt. Der erkrankte Kamerad wurde ins Lazarett verlegt. Jetzt reicht das Licht nicht mehr aus, um weiterzuschreiben.

Seid alle herzlichst gegrüßt von

Eurem Günter

Liebenau 19. November1944

Liebe Eltern!

Heute ist Sonntag und ich habe etwas Zeit, um zu schreiben. Vielen Dank für Euer Päckchen. Es war geöffnet, aber es fehlte nichts. Ich habe das Briefpapier, die Fotos und Euren Brief, liebe Eltern, erhalten. Die Fotos sind sehr schön, und ich denke an die Zeiten unserer gemeinsamen Spaziergänge. Heute bekam jeder von uns zwölf Bonbons, ich habe sie schon alle aufgegessen. Ihr kennt ja Euren Sohn! Ja, bald wird es Weihnachten. Der erste Schnee ist schon gefallen, und das Wetter ist schlecht und kalt. Wenn ich vom RAD zurückkomme, gehe ich bald einmal in die Kirche. Hier unter den Kameraden gibt es nicht viele, die so denken wie ich. Beinahe jeden Abend denke ich an Weihnachten, und wie wir in der Kirche musiziert haben. Aber wenn alles gut geht, bin ich zum Jahresende schon wieder bei Euch, meine lieben Eltern. Aber sagt den anderen bitte nichts davon, ich habe noch nichts Genaues gehört. Hier beim RAD geht man mit den Hühnern ins Bett. Jeden Abend liege ich schon um 19.30 Uhr auf meinem »Divan«. Wir schlafen jede Nacht fast elf Stunden. Ist das nicht gut? Zu Hause habe ich nur sechs bis acht Stunden geschlafen, aber Ihr wisst ja schon, dass der Dienst hier brutal ist. Wenn Ihr wieder einmal Kekse schickt, freue ich mich.

Ich grüße Euch, geliebte Eltern, mit herzlichen Grüßen auch an meine Brüder.

Euer Sohn Günter

PS: Beendet den Krieg!

In dem folgenden Brief berichtete Arthur von seinen Alltagsschwierigkeiten und seiner Sehnsucht nach seinem Sohn:

19. November 1944

Mein lieber Junge!

Es ist Sonnabendabend; die Kleinen gehen zu Bett und Muttel ist im Begriff, dasselbe zu tun. Ich habe also Ruhe und Zeit, wieder einiges mit Dir zu plaudern.

Heute musste ich wieder in der Kirche als Kantor fungieren. Onkel Fritz ist im Schichtdienst gewesen. Gleichzeitig hatte ich auch den Kirchenchor einzu-

singen, während Herr Schuler im Gottesdienst die Chorleitung übernahm. Es klappte alles gut. Aber Altwasser hatte keinen Organisten. Pastor Stiller, der oben sprach, musste gleichzeitig auch Vorsänger sein. Es geht notfalls auch mal so, aber schöner ist es, wenn ein Organist da ist. Franz hatte heute Arbeit und konnte mich deshalb nicht vertreten. Ja, es ist eine Not mit Kantoren. Wir haben gestern noch fast zwei Stunden telefoniert und verhandelt, wer heute in Ober-Altwasser spielen könnte. Aber es war alles vergeblich.

Wie es nächsten Sonntag (Totenfest) werden wird, weiß ich heute noch nicht. Der Chor müsste singen, und ich habe Dienst in der Fabrik. Na, wir müssen mal sehen, wie sich die Geschichte wenden wird. Gedanken mache ich mir auch, den Chor auf Weihnachten vorzubereiten. Kannst Du nicht bei Deinen Vorgesetzten um Urlaub fragen, weil Du Deinem Vatel im Gottesdienst helfen sollst? Ich denke, dasselbe Programm vom Vorjahr zu nehmen, die Geigen sind ja noch da. Weihnachten wird ja bei uns daheim auch nicht das Feiern, was früher war, denn uns geht es wie Dir. Wenn eines fehlt, spürt man gerade an Weihnachten die Lücke besonders. Doch es geht auch vorbei. Heute haben uns die Kleinen ihre Weihnachtswünsche schriftlich übergeben. Werner und Reinhard wünschen sich ein Lastauto, einen Bauernhof und ein paar Holztiere, alles so, dass sie auf dem Fensterbrett spielen können. Reinhard schreibt: »Fange bitte beizeiten an, damit wir es zu Weihnachten haben.« Also habe ich die Aufträge, und es kann losgehen mit dem Arbeiten. Ich müsste deshalb heute schon anfangen zu basteln. Wenn ich nun auch Deine persönliche Hilfe nicht in Anspruch nehmen kann, so muss ich mir Dein Werkzeug borgen, vor allem die Laubsäge, sofern Du damit einverstanden bist.

Anfang Dezember erfuhr Günter ganz kurzfristig, dass er nicht wie erwartet erst Ende des Jahres, sondern bereits in der nächsten Woche von seinem Dienst beim RAD entlassen wurde und nach Hause fahren durfte. Sein nächster Brief an seine Eltern und Brüder drückte seine Vorfreude auf seine bevorstehende Heimkehr aus:

Liebenau, 3. Dezember 1944
Liebe Eltern und Brüder!
Diese Woche ist unser Truppmeister einmal mit Wache dran und es ist somit etwas Zeit, um Briefpost erledigen zu können. Zunächst möchte ich mich für Euren lieben Brief bedanken. Bis jetzt habe ich immer alles erhalten, was Ihr geschickt habt.

Mir geht es noch gut. Zumal nächste Woche unsre Entlassung steigen soll, das heißt also, Ihr könnt mit meiner Ankunft am Donnerstag, dem 7. Dezember, oder Freitag, dem 8. Dezember, rechnen. Ihr könnt Euch nicht denken, wie man sich freut, wieder einmal ungebunden leben zu können.

Nun habe ich hier auch schon allerhand gesehen und kennengelernt. Vergangene Tage war ich in Danzig[7]*, Zoppot*[8]*, Gotenhafen*[9]*, Rheda*[10] *und Neustadt*[11]*. Wenn wir nun nach Hause fahren, können wir getrost singen: »Wir haben die ganze Welt beglotzt …«*

Nächsten Montag fahren schon die ersten von unserer Abteilung los, und zwar in Richtung Braunschweig, Sachsen etc. und so werden wir auch nicht mehr viel unternehmen.

Nun, liebe Eltern, möchte ich zum Schluss kommen. Bitte erfüllt mir, wenn ich ankomme, den Wunsch mit den Eierkuchen und Blaubeeren.

Nun will ich schließen mit den besten Grüßen

Euer Günter

Lieber Werner und Reinhard!
Wenn ich nun nach Hause komme, werde ich Euch auch so richtig schleifen, wie es hier beim Militär war mit Hinlegen, Aufmarsch, Marsch in den Wald, kehrt Marsch, Marsch, Achtung hinlegen, alle antreten. Gell, Ihr kleinen Piepenköpfe.

Viele Grüße Euer Günter

Der Gestellungsbefehl

Am 7. Dezember wurde Günter von seinem Dienst beim RAD entlassen und konnte nach Hause fahren, wo ihn neben fünf strahlenden Gesichtern und zehn ausgestreckten Armen Eierkuchen und eingemachte Blaubeeren erwarteten. Das Glück der wiedervereinten Familie währte jedoch nur drei Tage. Bereits am 10. Dezember erreichte Günter ein folgenschweres Schreiben. An jenem trüben, nasskalten Montag im Dezember klingelte es bei Seidels an der Haustür. Als Johanna öffnete, stand der sonst so freundliche und zu Scherzen aufgelegte Postbote mit ernstem Gesicht vor ihr. In der Hand hielt er einen Briefumschlag. Zögernd überreichte er Johanna das amtlich aussehende Schreiben und sagte voller Mitgefühl: »Es tut mir leid, Frau Seidel, dass ich nun auch Ihnen diese Post überbringen muss. Ich habe bereits unzählige solcher Briefe ausliefern müssen, und nun ist es auch für Ihren Günter so weit.« Böses ahnend, öffnete Johanna mit zitternden Fingern den versiegelten Briefumschlag, der mit amtlichen Stempeln versehen war. Auf dem einer Urkunde ähnelnden Schreiben prangte in großer gedruckter Schrift: *Stellungsbefehl*. Was sie dann las, ließ ihre Knie versagen, sodass sie sich setzen musste:

Hiermit wird Günter Seidel aufgefordert, sich binnen 48 Stunden als Artillerist in der Kaserne von Bunzlau[12] *zu melden. Mit der Einberufung zur Wehrmacht zur Verteidigung des Vaterlandes an der Front ist ab Januar 1945 zu rechnen. Auf Nichtbefolgung dieser Aufforderung steht die Todesstrafe.*

Mit dieser Nachricht stürzte für die Eltern und ihre vier Jungen ihre soeben wieder zusammengefügte Familienwelt zusammen und wurde bis auf die Grundfesten erschüttert.

Anders als es bei der Einberufung zum Reichsarbeitsdienst gewesen war, wussten sie jetzt mit Sicherheit, dass Günter an die Front geschickt werden würde. Günter selbst, der zu diesem Zeitpunkt gerade 17 Jahre jung war, blieb gelassen und beruhigte seine Eltern: »Lieber Vatel, liebe Muttel, macht euch keine Sorgen um mich. Ich werde gehorsam meinen Dienst tun, und wenn Gott will, komme ich bald nach Hause zurück. Ewig kann der Krieg ja nicht dauern.«

Anstatt der besinnlichen Adventszeit, die Arthur und Johanna mit ihren vier Söhnen bisher immer miteinander in Vorfreude auf das Weihnachtsfest besonders genossen hatten, war mit dem Stellungsbefehl die Sorge bei ihnen eingezogen. Schweren Herzens half Johanna ihrem ältesten Sohn, seine wenigen Sachen zu packen.

Der Abschied fiel schwer, als Günter zwei Tage später seine Eltern und Brüder verlassen musste.

Gemeinsam gingen sie zum Bahnhof, von wo er mit dem Zug über Breslau[13] und Liegnitz[14] nach Bunzlau fahren würde. Während sie am Bahnsteig standen, schnitt der eisige Wind ihnen beinahe die Luft ab und legte sich wie eine kalte Hand auf ihr bedrücktes Herz. Günter umarmte Arthur und fragte ihn: »Vatel, möchtest du nicht mit mir gehen?« Arthur brachte kein Wort heraus, seine Kehle war wie zugeschnürt. Wie gerne wäre er mit seinem geliebten Sohn mitgegangen, um ihm beizustehen. Doch diesen schweren Weg musste Günter alleine gehen. Wortlos drückte er seinen Jungen noch ein letztes Mal fest an sich, bevor er ihn in den Krieg ziehen lassen musste. Schließlich gewann er die Fassung wieder und versuchte, der gedrückten Stimmung einen Hoffnungsschimmer zu verleihen. Mit tränenerstickter Stimme sagte er: »Wir werden dich sobald wie möglich besuchen kommen. Bis dahin schreiben wir uns Briefe. Sei Gott befohlen.«

Wenn seine Eltern und Brüder auch nicht mit ihm gehen konnten, so gaben sie ihm doch etwas mit auf den Weg, das kein Geld der Welt aufwiegen konnte. Etwas, das er nicht in seinem Reisegepäck hatte, sondern direkt in seinem Herzen. Die Liebe, die Geborgenheit und die Gebete seiner Familie umhüllten seine Seele wie eine unsichtbare Schutzhülle und machten sie stark. Das grenzenlose Vertrauen zueinander gab ihm ein Gefühl tiefer Geborgenheit. Dann kam der Zug, und Günter trat seine unfreiwillige Reise in die Ungewissheit an. Kurz bevor Günter in den Zug einstieg, drehte er sich noch einmal zu Arthur um und sagte beinahe entschuldigend: »Weißt du Vatel, wenn ich dann vor einem Russen stehe, der vielleicht ein Vater ist wie du, kann ich ihn nicht erschießen. Seid mir bitte nicht böse, wenn ich dabei mein eigenes Leben verlieren sollte.«

Trotz der eisigen Kälte lehnte Günter sich noch lange aus dem Fenster des abfahrenden Zuges hinaus und winkte seiner am Bahnsteig stehenden Familie zu, bis sie nur noch als kleine Punkte zu sehen waren. Niemand wusste, ob und wann sie sich wiedersehen würden.

In Bunzlau

Auch in Bunzlau nutzte Günter die wenigen freien Minuten, um seinen Eltern und Brüdern zu schreiben. In seinen Briefen klagte er auch kurz vor seinem Einsatz an der Front nicht, sondern berichtete mitunter sogar humorvoll über die Zustände in der Kaserne. Gleich am Tag nach seiner Ankunft schilderte er seine ersten Eindrücke:

Bunzlau, 13. Dezember 1944

Lieber Vatel, liebe Muttel und Brüder!

Ich bin gestern hier glücklich angekommen.

Heute wurden wir eingekleidet, d. h., Unterhosen haben wir keine bekommen. Nun sind wir alle froh, dass wir uns dergleichen mitgebracht haben. Eine Einteilung ist noch nicht vorgenommen worden, jedoch sagte der Major schon einigen, was sie hier machen sollen. Ich werde noch bei der Geschützbatterie bleiben. Verschiedene andere kommen zur Nachrichten- oder Kraftfahrbatterie. Vorläufig schlafen wir auf dem Boden der Kaserne. Aber wir haben es schön warm. Freitag oder Sonnabend kommen wir auf unsere Buden, die zurzeit wegen einer Wanzenausräucherung unbewohnbar sind. Über den Dienst kann ich Euch noch nichts mitteilen. Das kommt später noch. Nun ängstigt Euch aber um mich bitte nicht, ich bin noch gesund und bleibe es auch.

Nun will ich schließen und verbleibe mit den besten Grüßen

Euer Günter

Bunzlau, 14. Dezember 1944

Liebe Eltern!

Vor 30 Minuten bin ich von Posten III zurückgekehrt. Ihr wundert Euch vielleicht, schon wieder von mir Post zu erhalten, aber wenn man in der Nacht so allein auf Posten steht, geht einem so allerhand durch den Kopf.

Zunächst dachte ich an die schöne Zeit, die ich eben noch zu Hause erlebt hatte, ich denke an die Weihnachten, die so gemütlich bei Euch waren. Wenn man nun überlegt, wie es jetzt die zwei, drei oder vier Jahre oder auch noch länger ohne so etwas gehen sollte, so wird einem etwas eigenartig zumute. Mir gefällt es hier schon meistens sehr gut, aber wenn man eben so alleine ganz für sich ist, dann kommen schon einmal solche Gedanken.

Wir liegen hier mit Kameraden der Luftwaffe zusammen. Es sind alles schon verheiratete Männer. Viele stammen aus dem Westen und haben schon bitterstes Elend durchgemacht. Gestern Abend erzählte einer, dass er sein Heim im Bombenterror verloren hat. Seinen Angehörigen ist jedoch nichts passiert. Da er schon 14 Monate nicht zu Hause gewesen war, beantragte er einen Kurzurlaub über Weihnachten, der ihm, weil er den Bombengeschädigtenschein »C« nicht aufweisen konnte, abgeschlagen wurde.

Nun dachte ich dankbar daran, dass ich doch noch meine Eltern habe und dass unser Heim noch unbeschädigt ist, dass der Vatel noch zu Hause ist und noch so vieles andere mehr. In diesem Augenblick wurde ich wieder so froh, von meinem Herz waren wieder sämtliche Lasten gefallen und ich dachte, ich muss nun gleich einen Brief an Euch absenden.

Lange werden wir wohl hier in Bunzlau nicht liegen, wir rechnen damit, in acht bis zehn Wochen zum Fronteinsatz nach dem Westen oder nach dem Osten zu kommen. Für immer wäre auch dieses blöde Kasernenleben nicht. Nun sind wir alle auf den neuen Dienst gespannt und ebenfalls auf die Führer und Kameraden, die augenblicklich zu einem »Härtemarsch« von drei Tagen in der Natur unter freiem Himmel übernachten. In dieser Zeit ist nämlich das Leben in der Kaserne der Geschützbatterie ausgesprochen monoton. Morgen, das heißt am Sonnabend, kommt die Batterie zurück. Nun, liebe Eltern, auf Euch werden ja diese Zeilen keinen besonderen Eindruck machen, aber mir war es vonnöten, mal mein Herz auszuplaudern. Wenn es Euch möglich ist, liebe Eltern, schickt mir doch zu Weihnachten ein paar Plätzchen. Das Essen hier ist sehr gut, nur das Brot reicht nicht. Abends gibt es Sirup, Brot, Butter und Käse. Nun muss ich so langsam zum Schluss kommen, ich habe nämlich schon Schmerzen im Rücken wegen meiner augenblicklich dämlichen Lage zum Schreiben. Liebe Eltern, Ihr müsstet uns einmal liegen sehen. Das wäre interessant für Euch. Aber es ist sehr schön warm hier und das ist die Hauptsache. Und nun schnell noch meine Adresse:

Kanonier Seidel, 8 Bunzlau, Geschütz-Batterie (West) 54

Seid nun vielmals gegrüßt

Euer Günter, »Kanonier Seidel«

Bunzlau, Heiligabend

Lieber Vatel, liebe Muttel, liebe Brüder,

heut zum Heiligabend ist einmal ein wenig Zeit, um sich um Privatangelegenheiten zu kümmern, und so will ich Euch schnell ein paar Zeilen schreiben. Heute Vormittag fand unsere Vereidigung statt, sie war ganz kurz und es war auch gut so. Nun hofften wir alle, Ausgang zu bekommen, aber schei… Na ja, in Kürze wird es schon werden. Ich habe hier zwei nette Kameraden gefunden. Beide waren auf der Oberschule. Einer ist der Sohn eines Studienrates und der andere kommt aus einer ganz vorzüglichen Position. Morgen zum ersten Feiertag ist etwas Freizeit, aber wir müssen in der Kaserne bleiben. Aber einmal kommen wir ja auch aus der Kaserne, und an der Front kann uns ein jeder den Buckel runterrutschen.

Nun will ich zum Schluss kommen. Seid vielmals gegrüßt mit den besten Weihnachtsgrüßen.

Euer Günter

Bunzlau, 27. Dezember 1944

Mein lieber Vatel!

Heut zum Abend erhielt ich Deinen lieben Brief, meinen besten Dank dafür. Ich will Dir nun auch schnell mein bzw. unser Weihnachtsfest schildern. Am Heiligabend hatten wir ja vormittags die Vereidigung und am Nachmittag war frei. Nun hatten wir alle angenommen, dass wir unseren Sold und somit auch Ausgang bekämen, aber man hörte nichts davon, und so kam der Abend schon. Jeder hatte so seine Beschäftigung, einer las, die anderen plauderten etc. Einige Kameraden und ich waren etwas Klavierspielen in den Speisesaal gegangen. Als wir gegen fünf Uhr zurückgingen, war es schon finster und ich ging im Geiste mit Euch zur Christnacht. Um 20 Uhr öffnete ich Euer liebes Paket, es war für mich genauso feierlich wie bei uns zu Hause bei der Bescherung. Mein Freund Rolf lag mit auf meinem Bett, auch er hatte sein Päckchen, und nun wurde erzählt und geknabbert. Auf einmal ging die Tür auf und unser Batterieführer, ein Oberst, kam mit zwei Wachtmeistern herein. Er sagte: »Warum habt ihr keinen Christbaum? Um halb neun Uhr komme ich wieder, da steht der Baum oder die Stube schläft im Bunker!« Nun mussten wir, ob wir wollten oder nicht, einen Baum organisieren. Das war nun eine hässliche Sache, aber der Baum stand. Jeder, der noch ein

Licht hatte, spendete dasselbe. Nun zündeten wir an und jeder feierte still für sich. Ich öffnete nachher noch das Fenster und sah in diese wunderbare, sternenklare Weihnachtsnacht. Nach einem stillen Gebet legte ich mich dann zur Ruhe. Am ersten Feiertag war Revier- und Stubenreinigen bis 10 Uhr. Danach Freizeit bis Abend. Auch an diesem Tag ersuchten wir wieder vergeblich Erlaubnis nach Ausgang. Ich habe etwas gelesen. Am zweiten Feiertag war anstelle eines Kleiderappells unsere Einstellungsuntersuchung bis 11 Uhr. Danach Freizeit von 12 Uhr bis abends, aber das Schöne, wir konnten uns unser Soldbuch und die Erkennungsmarke abholen, was bedeutete, dass wir die Kaserne verlassen durften. Mein Freund Rolf und ich gingen in die Stadt und erwischten noch Kinokarten, und wir wanderten in das Stück »Es lebe die Liebe«. Um 20.45 Uhr waren wir wieder zurück, und das Fest aller Feste war vorüber. Nun sehen wir einem neuen Jahr, neuen Sorgen und hoffen wir es, auch dem Sieg entgegen. In treuer, fester Verbundenheit grüßt Dich, lieber Vatel,

Dein Günter

Ebenfalls die herzlichsten Grüße an Muttel, Walter, Werner, Reinhard, Tante Gretel.

Altwasser, den 28. Dezember 1944

Lieber Günter!

Gestern und heute erhielten wir Post von Dir, und ich freue mich immer sehr darüber. Nun, mein lieber Günter, habe ich mich gewundert, dass Du so wenig Post von mir bekommst, denn ich hatte Dir doch immer gleich geschrieben. Nun denke dir, lieber Günter, heute kam ein Brief zurück, den ich am 15. Dezember abgeschickt habe, und da will ich gleich mal fragen, hast Du den Einschreibebrief erhalten, wo der Abmeldeschein drin war? Hast du den Brief erhalten, wo Werners Zeilen mit drinsteckten? Ich bin ja so froh, dass Du die Pakete erhalten hast. Ist auch der Weihnachtsbrief angekommen, aber da fällt mir ein, dass Du ihn erhalten hast, denn da war ja das Familienbild drin. Ich schicke Dir den Brief mit, und sollte noch einer oder zwei zurückkommen, bekommst Du sie sofort noch. Nun hoffe ich doch, dass Du auch das nächste Paketel erhalten wirst und immer regelmäßig die Post. Das hat mir so leid um Dich, mein lieber Günter, getan, als der Brief zurückkam. Du hast gewiss immer gewartet auf Post, und es kam keine, und ich war so beruhigt, denn ich dachte, na, da kriegt aber wieder mein Günter Post. Aber ich hoffe, dass es jetzt besser klappen wird. Nun, mein lieber Günter, wünschen wir Dir alle ein recht gesegnetes und gesundes neues Jahr. Möge das neue Jahr uns allen den lang-

ersehnten Frieden bringen und dass Du glücklich und gesund nach Hause kommst. Gretel schließt sich auch den Wünschen an. Sie wird dir auch noch einen Brief schreiben. Hier ist es kalt und wir hatten sonnige Tage, aber heute fing es an zu schneien und es war schlechtes Laufen. Nun, lieber Günter, wenn Du mal etwas Zeit hast, musst Du mir mal mitteilen, wie Dein Dienst ist. Ich denke immer alle Morgen an Dich, wenn es draußen bitterkalt ist, und Du musst in der Kälte exerzieren oder mit den Geschützen umgehen, die auch so schon eisig sind. Na, mein lieber Junge, einmal muss es doch wieder anders werden. Also, lebe wohl, an Silvester hat Vatel Stadtwachtdienst und da erhältst Du von mir einen ganz langen Brief, gelt?

Jetzt sei also vielmals von uns allen recht herzlich gegrüßt, extra aber grüßt und küsst Dich Deine Dich liebende Muttel.

Lieber Günter!
Morgen schlachten wir einen Karnickel. Den haben wir getauscht für unseren Hahn! Denn bis zum 31. Dezember müssen alle Karnickel weggeschlachtet sein. Aber wir wollen sehen, dass wir zwei Karnickel halten können. Wir wollen doch nächstes Jahr auch wieder etwas Fleisch haben, besonders, wenn Walter konfirmiert wird und wenn Du auf Urlaub kommst.

Dann schmeckt es Dir doch auch gut. Wir freuen uns schon, wenn Du wieder daheim sein wirst.

Bis dahin herzliche Grüße

Dein Bruder Werner

In demselben Umschlag mit der Post von Johanna und Werner fand Günter eine Postkarte mit allerlei guten Wünschen zum neuen Jahr:

Recht herzliche Neujahrsgrüße!

Dein Vatel

Ein gesundes neues Jahr, alles Gute und guten Appetit wünscht Dir, liebes Brüderle

Walter

Schönen Gruß vom Reinhard.

In Eilschritten dem Abgrund entgegen

Auch zu Beginn des Jahres 1945 wurden noch Plakate aufgehängt, die den Sieg Deutschlands ankündigten, doch der Glaube der Bevölkerung an diese Proklamation verschwand zusehends. Arthur schilderte später in seinem Tagebuch jene Wochen und Monate, als die Führung von

Berlin aus mit wahnwitzigen Siegesversprechen die Bevölkerung aufzustacheln versuchte, obwohl die bevorstehende Niederlage für die meisten schon längst offensichtlich war:

Es war ja selbstverständlich, dass wir uns beim Klang der Neujahrsglocken einander nicht nur Gesundheit und Glück wünschten, sondern dass jeder das Ende dieses menschenzerfleischenden, lebensfressenden Krieges ersehnte und dieses Ende recht bald erwartete. Wir sahen das Ende eigentlich schon kommen, und nicht erst in der Neujahrsnacht 1944/45. Die Vorzeichen des Aufhörenmüssens erkannten doch die allermeisten Deutschen schon weitaus früher. Und alle schreienden Plakate, die den Sieg Deutschlands als etwas Unumstößliches, absolut Sicheres in Gehirn und Herz einprägen sollten, konnten uns nicht mehr überzeugen. Alle wussten es und keiner wagte es laut zu sagen, dass der pressende Druck auf beiden Seiten der Front, das heißt in Ost und West, Deutschland zermalmen müsste. Freilich, es gab noch Unentwegte, denen der Gedanke Verrat war und die sich und allen anderen vortäuschten, dass der Endsieg nur unser sein könnte. Diejenigen Heimgekehrten, denen das Erleben der Front den Blick geschärft hat, sagten: »Nehmt euch den Krieg wahr, der Friede wird schrecklich sein!« Sie sagten es im Flüsterton und meinten damit, dass der Krieg in seiner Grausamkeit und Härte nicht das Maß von Elend bringt, wie es der Friede nach sich ziehen wird. Ein prophetisches Wort, das zunächst nur wenig Glauben fand. Mit Anbruch des Jahres 1945 war sich wohl mancher bisher hundertprozentig Überzeugte langsam klar, dass wir in Eilschritten dem Abgrund zurasten.

In den ersten Wochen im Januar überschlugen sich die Ereignisse. Sämtliche Schulen wurden geschlossen, die Schulgebäude zu Lazaretten umfunktioniert, die Lehrer zu Kriegshilfsdiensten eingeteilt. Der erst 14-jährige Walter wurde dazu abkommandiert, sich einer mehrwöchigen Ausbildung als »Feldscher« zu unterziehen, und lernte, die verwundeten Soldaten zu versorgen. Arthurs Dienst als Stadtwächter wurde aufgehoben. Stattdessen musste er ab sofort für den Dienst im Volkssturm zur Verfügung stehen. Gegen seinen Willen wurde er als Zugführer eingesetzt, nachdem er innerhalb kürzester Zeit notdürftig dafür eingewiesen worden war.

Inzwischen flüchteten die Menschen aus Oberschlesien bereits scharenweise vor den Russen in Richtung Westen, während andere wiederum aus dem Westen in Schlesien Zuflucht suchten, das als »Luftschutzkeller Deutschlands« galt, da es von Kampfhandlungen bisher weitgehend verschont geblieben war. Viele Flüchtlinge kamen dabei auch durch Waldenburg.

In der ersten Januarwoche 1945 klingelte eines Abends jemand bei Familie Seidel. Als Arthur die Tür öffnete, stand ein Oberfeldwebel vor ihm, der für seine Tante und deren beiden kleinen Kinder eine Unterkunft suchte. Sie waren vor dem Bombenhagel aus Aachen nach Schlesien geflüchtet. Außer dem, was sie anhatten, besaßen sie so gut wie nichts mehr. Der Feldwebel musste zu seiner Truppe zurückkehren, und so nahmen Arthur und Johanna die Fremden bei sich auf und gaben ihnen zu essen. Da sich die russischen Soldaten jedoch der schlesischen Grenze immer weiter näherten, fuhr die Frau mit ihren Kindern drei Tage später mit der Eisenbahn weiter. Noch glaubten sie, schon bald in ihre Heimat zurückkehren zu können. Ohne es zu wissen, erhielten Arthur und Johanna mit diesen Flüchtlingen einen ersten Eindruck von der Not, die später über sie selbst hereinbrechen sollte.

Noch konnte Arthur sich nicht vorstellen, dass Deutschland schon bald nicht mehr so sein würde, wie er es sein Leben lang gekannt hatte. Was für ein Sturm in dieser Zeit in ihm tobte, lässt dieser Tagebucheintrag erahnen:

Kann es sein, dass ein Volk der höchsten Kultur, der stärksten Schaffenskraft verschwinden sollte? Ein Volk, das der Welt die tiefsten Denker, die bedeutendsten Forscher, die begabtesten Musiker geschenkt hat, sollte mit einem Schlag ausgelöscht werden? Das kann und darf doch nicht sein, wenn die Welt noch einen Sinn haben soll. Und dieser Gedanke war so deprimierend, dass man sich gewaltsam davon losriss und sich in die Zuversicht eines Sieges hineinstieß.

Günter wird 18

Sonntag, den 7. Januar 1945
Mein lieber, guter Junge!
Wir alle gratulieren Dir recht herzlich zu Deinem 18. Geburtstage. Möge das neue Lebensjahr nur alles Gute für Dich, mein liebes Kind, bereithalten, und der liebe Gott gebe Dir auch für alles Kraft und Gesundheit und dass Du bald wieder für immer bei uns bist. Dies ist unser Geburtstagswunsch für Dich, lieber Günter. Nun hoffe ich, dass Du die Päckchen erhalten wirst und dass Du alles mit Gesundheit verzehrst. Jetzt, lieber Günter, wollte ich mal anfragen, brauchst Du etwa Handschuhe oder Zahnputzzeug oder neue Pulswärmer oder sonst

was? Schreibe nur, liebes Kind, wir schicken es Dir bald. Oder hast Du im Essen mal einen Wunsch?

Mein lieber Günter, hoffentlich kannst Du an dem Tage wenigstens abends die Päckchen auspacken. Gelt, Du schreibst uns, ob Du alles erhalten hast und ob der Honig in der Flasche gut angekommen ist und wie Du den Tag verbracht hast. Ich werde fleißig an Dich denken, und wir alle sind im Geiste bei Dir. Ich wünschte, ich könnte an dem Tage für Dich den Dienst machen, damit Du mal wirklich Geburtstag hättest. Nun lebe wohl!

Herzliche Glückwünsche von uns allen,

Deine Dich liebende Muttel

Waldenburg, 7. Januar 1945

Mein lieber Günter!

Als wir am 11. Januar 1944 unsere Geburtstage im fröhlichen Kreise der Familie feierten, kamst Du mit der Nachricht nach Hause, dass Du vorerst noch nicht gemustert werden solltest. Gleichzeitig erfreutest Du uns mit Deiner ersten gut gelungenen französischen Arbeit. Wir hatten allen Grund, den Tag fröhlich zu feiern. Und nun ist ein Jahr des Lebens wieder vergangen. Es hat uns in Bezug auf Dich das gebracht, was wir und Du auch erwartet hatten. Du bist Soldat geworden. Du hast im vergangenen Lebensjahr die nicht angenehme Zeit beim RAD durchgestanden. Du musstest in kurzer Zeit viel lernen, Dich auf ganz neue, andere Verhältnisse umstellen, das erforderte eine seelische Kraft. Und nun kommt die Soldatenzeit, die wieder andere Erlebnisse und neue Kenntnisse bringt. Du bist zu Menschen gekommen, die in ihrer Struktur anders sind und natürlicherweise anders sein müssen als die Menschen in unserer Familie. Sich dort einleben, ist eine Überwindung. Nun habe ich die Gewissheit, dass es Dir gelungen ist. Und das befriedigt uns. Dass Dir im neuen Lebensjahre unser Gott die Kraft geben möge, alles, was nun kommen wird, zu durchleben und zu tragen, ist mein herzlichster Wunsch zu Deinem Geburtstage. Das neue Jahr wird an Dich, lieber Günter, manche neue, ungewohnte Aufgabe herantragen, die zu lösen manche Kraft notwendig sein wird. Wir stehen mit unserem Denken und Gebet hinter Dir. Du kennst ja das hier: »Gib mir Kraft für einen Tag.« Und diese Bitte genügt eigentlich für alles, was am Tage kommt. Und nun, mein lieber Junge, schließe ich mit den herzlichen Wünschen, dass Dir der Tag gut gerät und Du im neuen Lebensjahr auch immer Kraft haben mögest.

In fester Verbundenheit

Dein Vatel

Einen Tag nach seinem Geburtstag berichtete Johanna in einem Brief an Günter, wie sie seines Geburtstags gedacht hatte:

Mein lieber Günter!

Heute zum Sonnabend kam Dein liebes Paket, das war mir eine große Freude. Die Kleinen sagten gleich: »Ach, der gute Günter.« Sie werden Dir auch wieder einmal schreiben. An Deinem Geburtstage früh, als ich ganz alleine war, habe ich Dein Bild an meine Frühstückstasse gestellt und Dir einen Choral gesungen: »Meinen Jesum lass ich nicht.« Das hat Dir gefallen, denn Du hast Dir die ganzen Strophen angehört.

Bleib gesund, mein liebes Günterle, und sei herzlichst gegrüßt und geküsst von

Deiner Dich liebenden Muttel.

Der Zug kommt nicht

Bevor Günter an die Front musste, wollten Arthur und Johanna ihn mit Walter, Werner und Reinhard in Bunzlau besuchen. Wochenlang vorher planten sie die Reise und freuten sich darauf. In einem Brief teilten sie ihm ihre Vorfreude auf das Wiedersehen mit:

13. Januar 1945

Mein lieber Junge!

Nachdem wir mit den von Dir organisierten Bratwürschteln ein schönes Abendbrot bereitet und verzehrt haben und ich mir eine von Deinen Zigarren angesteckt habe, will ich Dir zuerst herzlich danken für Deine Geburtstagsüberraschung. Es hat mich herzlich gefreut, dass Du in dieser Weise an mich dachtest. Tante Gretel hatte uns das Essen schon vorbereitet und brachte mir auch Dein Päckchen mit den Zigarren für mich. Wir hatten schon die ganze Woche auf Nachricht gewartet. Hoffentlich hast Du unsere Pakete erhalten. Hat Dir alles gut geschmeckt? Ich denke doch, dass auch die kleinen Süßigkeiten Deinen lechzenden Gaumen befriedigt haben. Meinen Geburtstag haben wir wie üblich ganz still gefeiert. Außer der Großmutter und Frieda waren noch unsere Nachbarn und Frau Mündel da. Es kam ja doch nicht die rechte Stimmung auf. Du fehltest uns, und wir haben den ganzen Tag an Dich denken müssen. Wie hast Du den Tag erlebt? Haben Deine Kameraden nicht an den vier Päckchen erkannt, dass Du Dein achtzehntes Lebensjahr beendet hast?

Nun sind wir in Erwartung, was denn die kommende Woche bringen wird. Sobald Du etwas Genaueres weißt, schreibst Du uns ja. Du weißt ja, dass wir immer innerlich mit Dir gehen. Wir freuen uns nun schon ganz außerordentlich auf unser Wiedersehen mit Dir.

Und nun, lieber Günter, danke ich Dir nochmals herzlich für die Freude, die du mir bereitet hast, und grüße Dich am Schluss recht herzlich.

Dein Vatel

Mein lieber guter Günter!
Gelt, Du hast schon auf den versprochenen Brief gewartet, aber ich wollte Dir doch gleich mitteilen, dass wir kommen, wenn Du die Genehmigung erhältst. Nun, mein lieber Günter, Du kriegst so schnell wie möglich die Handschuhe und die Socken, sobald sie fertig sind. Montag schicke ich auch einen langen Brief an Dich und Dienstag, denke ich, wird das Päckchen an Dich abgehen. Nun, lieber Günter, wir werden Dich nun bald wieder in die Arme schließen können. Darauf freuen wir uns alle sehr.

Nun grüße ich Dich herzlichst,

Deine Dich liebende Muttel.

Auch Günter konnte es kaum erwarten, bis er seine Familie wieder in die Arme schließen würde. Vor dem geplanten Besuch am Sonntag, dem 21. Januar, schrieb auch er seinen Eltern und Brüdern noch einen Brief, in dem er seine Vorfreude ausdrückte:

Bunzlau, 17. Januar 1945

Liebe Eltern und Brüder!

Soeben erhielt ich Euren lieben Brief, und ich freue mich ganz gewaltig auf Euren Besuch. Es ist auch gut, dass Ihr bald kommt, denn wir werden wohl am längsten hier gelegen haben. Alles andere mündlich. Besondere Wünsche habe ich keine. Ab Morgen beginnt unser Lehrgang. Übrigens, vielleicht ist es Euch möglich, meine Zivilsachen mitzunehmen.

Nun, au revoir, bis Sonntag.

Euer Günter

Und dann war es endlich so weit, der ersehnte Tag der Reise war gekommen. Alles war vorbereitet. Arthur hatte drei Tage Urlaub beantragt und ohne Schwierigkeiten genehmigt bekommen. Günter hatte ebenfalls die Genehmigung erhalten, dass seine Familie ihn besuchen durfte. Mit dem Zug würden die Eltern und Brüder zuerst nach Liegnitz fahren, wo sie bei einer Tante übernachten konnten, um am nächsten Tag weiter nach Bunzlau zu reisen.

Am Samstag, dem 20. Januar 1945, standen Johanna, Arthur, Walter, Werner und Reinhard aufgeregt und in großer Vorfreude mit gepackten Koffern am Bahnhof von Waldenburg. Mit den Fahrkarten in der Hand warteten sie auf den Zug. Doch der schien Verspätung zu haben. Sie warteten und warteten, aber der Zug kam nicht. Schließlich informierte der Bahnhofsvorsteher die Reisenden darüber, dass der Zug ausfiel, da er für die vielen fliehenden Menschen auf der rechten Oderseite eingesetzt wurde. Alle Züge Richtung Liegnitz waren ab sofort bis auf Weiteres gestrichen.

Maßlos enttäuscht machten sich Arthur, Johanna und ihre drei Söhne wieder auf den Heimweg. Zu dem Zeitpunkt wussten sie noch nicht, dass sie Günter auch dann nicht wiedergesehen hätten, wenn sie bis nach Bunzlau gekommen wären. Denn noch am selben Abend wurde er mit seiner Einheit nach Brieg[15] zum Einsatz an die Front verlegt.

Der letzte Brief

Günter erfuhr nicht mehr, dass seine Eltern und Brüder gar nicht bis nach Bunzlau gekommen waren. Von Brieg aus schrieb er ihnen von seiner überstürzten Abreise.

25. Januar 1945
Liebe Eltern und Brüder,
ich will Euch nun schnell ein paar Zeilen mitteilen. Mir geht es noch gut. Nur habe ich eine Entzündung im

linken Auge, aber es wird schon wieder vergehen. Es tut mir ganz furchtbar leid, dass Ihr umsonst nach Bunzlau gefahren wart, aber ich konnte es nicht ändern. Es kam alles ganz plötzlich. Am Sonnabend in aller Frühe hieß es »Raustreten mit vollkommenem Gepäck« und man sagte uns, dass wir als Infanterie in Kürze an die Front kämen. Nun reisten wir am Sonnabend schon ab und kamen gegen Abend nach Liegnitz. Ich versuchte, bei unserer kleinen Rast Euch bei Tante Erna schnell zu besuchen, aber ich kam nur langsam voran, und da zeigte meine Uhr, dass es höchste Zeit war, den Lastkraftwagen zurückzufahren. Nun ging unsere Fahrt weiter. Jetzt liegen wir in Brieg in der Kaserne und werden in Kürze an die Front rücken. Wenn mal Zeit ist, schreibe ich noch und teile Euch meine neue Feldpostnummer mit.

Grüße an alle

Euer Günter

Dieser in aller Eile geschriebene Brief erreichte Johanna und Arthur Anfang Februar. Zu dem Zeitpunkt ahnten sie noch nicht, dass es sein letzter Brief und somit das letzte Lebenszeichen von ihrem Sohn Günter war. Was danach mit ihm geschah, sollten sie nie erfahren. War er gleich in Brieg gefallen? War er weitertransportiert worden? Hatte er noch länger an der Front kämpfen müssen? Oder war er in russische Gefangenschaft geraten?

Im April kam noch einmal Post aus Bunzlau. Es war ein dicker Briefumschlag mit einem Schreiben vonseiten der Heeresleitung. Günter galt nun offiziell als vermisst. Außerdem bekamen Johanna und Arthur die Post zurückgeschickt, die sie an ihn geschrieben hatten. Er hatte jeden ihrer Briefe aufgehoben und sorgfältig verwahrt auf seinem Zimmer in der Kaserne in Bunzlau zurückgelassen, in der festen Annahme, bald wieder zurückzukehren.

Doch von Günter kam kein Lebenszeichen mehr, und Arthur und Johanna blieben ihr Leben lang im Dunkeln über sein Schicksal. Ihre ganz persönliche Not über diese Ungewissheit und den wahrscheinlichen Soldatentod ihres geliebten Sohnes schrieb sich Arthur erst viel später von der Seele:

> *Unser Günter ist und bleibt vermisst. Was uns daran am meisten erbittert, ist die Tatsache, dass man vonseiten der Heeresleitung die kaum 18-Jährigen im letzten Moment, in knapp fünf Wochen ausgebildet, in einen aussichtslosen Kampf hetzte und so diese jungen, lebensfrohen Menschen in den nutzlosen Tod jagte. Das ist es, was wir der »Führung« nicht verzeihen können.*

Denn diese hatte doch selbst längst erkannt, dass es mit Riesenschritten dem Abgrund zuging. Wozu dann noch diese zweck- und nutzlosen Opfer? Wenn ich mir heute diese Situation vergegenwärtige, dann fällt es mir sehr schwer, diese Zeilen zu schreiben. Es bereitet mir und meiner Frau innere Not. Es soll jedoch festgehalten werden. Am Karfreitag, Ende März, erhielten wir die Aufforderung des Wehrbezirkskommandos Waldenburg, die Anschrift unseres Sohnes Günter anzugeben. Wir konnten es nicht, waren wir doch selbst seit Februar ohne jede Nachricht von ihm und wussten nicht, ob unser Sohn noch lebt oder sich etwa in Gefangenschaft befand, denn Brieg war ja schon seit zwei Monaten in den Händen der Russen.

Kriegsende

Die Lage spitzte sich immer weiter zu, je näher das Kriegsende heranrückte. Arthur schilderte eindrücklich, zu welchen Mitteln die Regierung angesichts der bevorstehenden Niederlage griff, und beschrieb die Zustände, die in den letzten Monaten vor Kriegsende herrschten:

Im März stand Breslau noch als Festung, noch versuchte man durch Rundfunk, Zeitung, Plakate und Versammlungen das Volk zum äußersten Widerstand aufzupeitschen. Noch drohte die Partei, allen Defätismus mit Gewalt und Drohung niederzudrücken. Noch wurden einsichtige Menschen, denen jeder Widerstand sinnlos erschien, eingesperrt, wenn sie bei einer entsprechenden Äußerung erwischt wurden. Kriegsdienstverweigerer, die aus religiösen Gründen keine Waffe zur Hand nehmen wollten, wurden unbarmherzig erschossen. Wie es in Weißstein geschehen war, wo der Vater von fünf Kindern standrechtlich erschossen wurde. Noch glaubte man, mit diesen drakonischen Maß-

nahmen das Volk für den Sieg begeistern zu können. Aber das Volk wollte ja gar nicht mehr. Es hatte Krieg und Regierung satt bis zum Stehkragen, denn man sah selbst, wie wir dem unausbleiblichen Niedergang entgegeneilten. Die industriellen Betriebe, besonders die Gruben, arbeiteten mit Hochdruck. Oberschlesien war ja schon verloren. Die dortige Produktion, die erheblichen Anteil an der gesamten Kriegsproduktion hatte, fiel also aus. Die 14-tägigen Sonntagsschichten waren bei uns im Bergwerk längst zur Selbstverständlichkeit geworden. Die zusätzlichen Lebensmittel, die den Bergleuten in Form von Schnaps, Zigaretten, Ölsardinen, Kaffee, Zucker, Erbsen usw. gegeben wurden, sollten sie zu noch größeren Leistungen anspornen.

Noch immer schrieben die Zeitungen vom Sieg. Der »Führer« verkündete aus seinem Bunker in Berlin nach der Einnahme Wiens durch die Russen: »Berlin bleibt deutsch und Wien wird wieder deutsch!« Bis kurz vor dem Eintreffen der Russen rief die Parteileitung durch Rundfunk, Zeitungen und Plakate zum Widerstand bis zum Äußersten auf und drohte jedem mit Tod durch Erschießen, der es wagen sollte, sich nicht daran zu halten.

Aber wer glaubte es noch angesichts der um Breslau und im niederschlesischen Raum herrschenden Kämpfe. Der Donner der Schlacht um Striegau[16] *drang bis zu uns, und von dem Gedröhn der Stalinorgeln um Striegau zitterten unsere Fensterscheiben. Von der Vogelkoppe aus sahen wir die brennende Stadt Breslau. Was sollten die Panzersperren halten, zu deren Errichtung Männer und Frauen wochentags und sonntags eingesetzt wurden? Die Übermacht der russischen Massen, das Übergewicht ihrer technischen Kriegsprodukte musste ein noch so tapferes Heer wie unser deutsches zermalmen und vernichten.*

In Waldenburg erschoss man auf einem öffentlichen Platz drei deutsche Soldaten, die nicht mehr an die Front zurückgekehrt waren, weil sie die Aussichtslosigkeit eines Kampfes eingesehen hatten. Das Volk blieb auch angesichts dieser Grausamkeiten der deutschen Wehrmacht ruhig, aber voller Furcht und Angst vor dem Kommenden. Dass in dieser lastenschweren Zeit jeder noch seine Pflicht tat, dass es nicht zu Explosionen kam, dass man die Partei nicht zum Tempel hinausjagte, nimmt mich heute noch wunder. Selbst die von den Russen abgeworfenen Flugblätter, die von den Generälen Paulus und Seydlitz abgefasst und unterschrieben waren und zur Aufgabe des Kampfes und zur Errichtung einer »Nationalen Front« aufforderten, konnten niemanden, auch nicht den verstocktesten Kommunisten, von der Erfüllung seiner Pflicht abhalten. Es blieb alles ruhig, aber voller Spannung und Angst.

Mit Gott im Bunde

Am 5. Mai 1945 hatten Johanna und Arthur ihren 20. Hochzeitstag, doch nach Feiern war ihnen nicht zumute. Nun sollte auch ihr zweiter Sohn Walter bei der Wehrmacht eingesetzt werden. Nach seiner kurzen Ausbildung zum Sanitäter hatte er sich seit Februar beim Reichsarbeitsdienst in Hermsdorf[17] einsatzbereit halten müssen. Das Wochenende durfte er noch zu Hause verbringen, doch bereits am darauffolgenden Montag sollte er sich im schlesischen Freiburg[18] zum Dienst melden. Die Aufforderung dazu hatte er wenige Tage zuvor per Post erhalten. Als Arthur an jenem Samstagnachmittag von der Arbeit nach Hause kam, zeigte Walter ihm einen kleinen Revolver und sagte: »Vatel, diesen Revolver habe ich in Hermsdorf erhalten, aber ich musste ihn nicht wieder abgeben. Es sind noch zwei Patronen drin, darf ich im Garten einmal einen Schuss abgeben?« Arthur, der beim Anblick der Pistole in der Hand seines 14-jährigen Sohnes sehr erschrocken war, erlaubte es nicht. Doch Walter hatte es sich in den Kopf gesetzt, die Pistole auszuprobieren, und wollte unbedingt einen Schuss abgeben. Ohne das Wissen seines Vaters ging der Junge in den Garten, wo seine kleinen Brüder Werner und Reinhard im Sandkasten spielten. Er fragte die beiden: »Wollt ihr mal was Tolles sehen? Dann kommt mit in die hinterste

Ecke des Gartens, da zeige ich euch, was ein richtiger Soldat macht.« Neugierig ließen die Zwillinge ihre Sandburg zurück und folgten ihrem großen Bruder. Er führte sie über die Wiese zu den Apfelbäumen. Dort zeigte Walter ihnen die Pistole und sagte: »Jetzt drücke ich mal einen ab, das wird aber knallen!« Mit Werner rechts und Reinhard links neben sich drückte Walter ab, doch der Schuss ging nicht los. Walter wusste nicht, woran das lag und dachte, er müsste fester drücken. Er legte seine linke Hand auf den Revolver und drückte mit der rechten noch einmal ab. Ein ohrenbetäubender Knall zerriss die milde Frühlingsluft. Dieses Mal war der Schuss losgegangen, und zwar mitten durch Walters linke Hand. Arthur und Johanna, die den Knall im Haus gehört hatten, kamen erschrocken in den Garten gerannt. Arthur war so zornig über Walters Missachtung seines Verbots, dass er laut schimpfte, als Walter mit den Zwillingen im Schlepptau über die Wiese gelaufen kam. Arthur erinnerte sich später noch genau an diesen Moment:

Mit hoch erhobener Hand und käsebleichem Gesicht kam der Schütze über die Wiese gelaufen. Er hatte sich die linke Mittelhand zwischen Ringfinger und kleinem Finger durchschossen. Wir waren so erschrocken, dass wir im Moment nicht wussten, was wir tun sollten. Muttel wollte ihm eine gehörige Ohrfeige geben. Die wankende Gestalt und das leichenblasse Gesicht hießen mich aber, sie von ihrem Vorhaben abzuhalten. Ich brachte Walter ins Haus, der Verletzte konnte sich gerade noch bis zum Sofa schleppen, er drohte umzusinken. Dann verband ich die Wunde. Die Schusswaffe nahm ich auseinander und warf die einzelnen Teile in den angrenzenden Teich. Zu dem Kummer um Günter, zu der Angst vor den immer näher rückenden Russen kam nun noch diese Aufregung. Der seelische Druck wurde immer stärker. Was uns besonders Unruhe machte, war der Umstand, dass Walter unter Kriegsgesetz stand und seine Verwundung als Selbstverstümmelung hätte angesehen werden können, denn er konnte ja mit der verletzten Hand seinen Dienst als Sanitäter nicht aufnehmen. Wir liefen mit schwerem Herzen umher, wussten wir doch auch nicht, ob die Verletzung ihn vielleicht zum Krüppel machen würde. Die zu Rate gezogene Krankenschwester konnte nur den Verband erneuern. Den Arzt zu fragen, scheuten wir uns, um den Kreis der Wissenden nicht noch zu vergrößern. So verging der 20. Hochzeitstag in Unruhe, Aufregung und Sorge.

Am Sonntag danach schien die Sonne von einem strahlend blauen Himmel. Die Vögel begrüßten fröhlich zwitschernd den neuen Frühlingstag. Doch in den

Herzen der Menschen sah es anders aus. Ungewissheit und Sorgen über das, was kommen würde, legte sich wie eine dunkle Wolke auf ihr Gemüt. Arthur hatte an jenem Sonntagvormittag Volksdienst und wartete gemeinsam mit seinen Kameraden in der ehemaligen Schule auf die Anweisungen der Befehlshaber. Keiner wusste, wie es weitergehen würde, und auch die Führer selbst warteten auf Order von der Partei. Nach stundenlangem Ausharren erhielten sie schließlich die Mitteilung, dass der Volkssturm aufgelöst worden war und nun jeder selbst sehen müsse, wie er sich vor dem herannahenden Feind in Sicherheit bringe. Arthurs Blockleiter empfahl ihm: »Am besten schließt du dich mit deiner Familie dem letzten Treck in den Westen an, bevor es zu spät ist und ihr gar nicht mehr wegkommt.« Doch Arthurs Pflichtgefühl ließ nicht zu, seine noch verbleibenden Mitarbeiter beim Bergwerk im Stich zu lassen. Außerdem war er mit seiner Heimat tief verwurzelt und wollte dort bleiben, wo er zu Hause war. Nach kurzem Überlegen gab er seinem Blockleiter zur Antwort: »Nur weil der ›Führer‹ vor einer Woche in ein Land geflohen ist, aus dem es keine Wiederkehr mehr gibt, gibt uns das noch lange nicht das Recht, Beruf und Heimat im Stich zu lassen.«

Am Nachmittag desselben Tages ging er in sein Büro und ließ bekannt machen, dass die für Dienstag angesetzte Schnaps- und Zigarettenausgabe sofort stattfinde. Den ganzen restlichen Tag über war er damit beschäftigt, aus dem noch gut gefüllten Lager außerdem Lebensmittel und Getränke an seine Angestellten auszugeben. Am nächsten Tag kamen zahlreiche Untertagearbeiter zum Depot und holten säckeweise Zucker, Mehl, Kaffee, Konserven und vieles mehr. Niemand hinderte sie daran, Parteileitung sowie Polizei waren verschwunden, und so kam es zu regelrechten Plünderungen. Arthur wunderte sich später nur, dass es dabei zu keinem Blutvergießen gekommen war. Und obwohl auch bei ihm zu Hause die Vorräte äußerst knapp waren und sie nur noch ein paar Kartoffeln und wenig Kohle hatten, beteiligte er sich nicht an den Plünderungen. Er wollte und konnte sich nicht an unrechtem Gut bereichern. Er beschloss, zu bleiben und abzuwarten, was geschehen würde. Seine Gedanken zu diesem Entschluss schrieb er in sein Tagebuch:

> *Sollte ich durch irgendeine Denunziation doch abgeholt und weggeführt werden, dann müsste das eben von mir und meinen Lieben getragen werden. Eines ist mir gewiss: Wir stehen alle in Gottes Hand.*

Diese Gewissheit, die Arthur mit Johanna teilte, ließ sie beide ruhig und besonnen bleiben. Vielleicht war es gerade die Ruhe, die sie ausstrahlten, die dazu führte, dass ihre Nachbarn in jenen Tagen voller Ungewissheit zu ihnen kamen, um bei ihnen Rat und Trost zu finden. Sie rieten ihnen weder zu noch ab, sich einem Flüchtlingstreck anzuschließen, denn diese Entscheidung konnten und wollten sie niemandem abnehmen. Ihr persönlicher Entschluss, in der Heimat zu bleiben, schien jedoch beinahe ansteckend zu wirken, denn keiner ihrer Nachbarn schloss sich dem allgemeinen Treck an. Und dann blieb ihnen nichts anderes übrig, als abzuwarten, wie es weitergehen würde.

Den unaufhaltsam näher kommenden Russen eilten schreckliche Nachrichten voraus. Viele der vorbeiziehenden Flüchtlinge erzählten von wahren Gräueltaten, welche die Russen begingen. Arthur und Johanna schöpften auch in diesen Tagen Kraft aus ihrem Glauben, wie Arthur später festhielt:

Ich möchte sagen, dass wir aus unserem Glauben heraus nicht dem Fatalismus, der Gleichgültigkeit so verfallen waren wie viele unserer Leute. In uns lebten der Lebenswille, die Hoffnung und der Glaube an die Macht Gottes, dem wir ja unser Leben anvertraut hatten, wenn uns auch oft die Angst überfiel. Unser tägliches Gebet war nur das um Kraft. Nur nicht in Mutlosigkeit verfallen und in Verzweiflung untergehen. Wir waren, ich betone es wiederholt, uns ganz klar bewusst, dass wir mit Gott im Bunde sind. Unsere Zuversicht stand nur auf ihm, denn wir hatten es ja schon erfahren, dass alle menschliche Hilfe, alles menschliche Wollen versagte.

Die Russen kommen

Der 8. Mai 1945 war ein Dienstag, wie er schöner nicht hätte sein können. Die Sonne strahlte wie schon in den Tagen zuvor, überall zwitscherten die Vögel. Die warme Frühlingsluft war erfüllt von dem Duft der blühenden Bäume und Sträucher. Arthur und Johanna, die sich normalerweise dieser Frühlingstage ganz besonders erfreuten, hatten in jenem Mai keine Augen für die Schönheit der Natur. Die Freude der wieder zum Leben erwachenden Natur konnten sie nicht teilen, die hellen Sonnenstrahlen drangen nicht in ihre sorgenvollen Herzen. Gemeinsam mit Walter, Werner und Reinhard wartete Johanna zu Hause darauf, was der Tag bringen würde, während Arthur grübelnd in seinem Büro saß. Am Vormittag liefen bereits einige Männer durch den Ort und verkündeten lauthals: »Die Russen kommen, sie sind schon in Freiburg und kommen immer näher!« Nachdem die russischen Soldaten in dem zwölf Kilometer entfernten Freiburg den Rest der deutschen

Wehrmacht zerschlagen hatten, strömten sie nun in das schlesische Gebirgsland.

Es war nur noch eine Frage der Zeit. Arthur wusste, dass die russischen Soldaten in wenigen Stunden auch bei ihnen ankommen würden. Bis dahin wollte er unbedingt zu Hause bei seiner Familie sein, um Johanna und die Jungen vor möglichen Übergriffen zu schützen. Doch noch saß er in seinem Büro und rang mit sich selbst, was er tun sollte. In dem Vorratslager des Bergwerks befanden sich noch mehrere kleine Fässer, die insgesamt mit 70 Litern Schnaps gefüllt waren. Dieses wertvolle Deputat stand noch einigen Bergleuten zu, die es aber noch nicht abgeholt hatten.

Auf keinen Fall durfte der Schnaps in die Hände der Feinde gelangen. Arthur wusste nur zu gut, welches Unheil Menschen anrichten konnten, wenn sie betrunken waren. Er ahnte schon, dass die Soldaten selbst in nüchternem Zustand vor nichts zurückschrecken würden.

Andererseits riskierte er sein Leben, wenn er ohne die Erlaubnis der Partei den Lagervorrat vernichten ließ, denn darauf stand die Todesstrafe durch Erschießen.

Eine Weile überlegte Arthur hin und her, dann stand sein Entschluss fest. Er wusste, was er zu tun hatte. Mithilfe von drei Mitarbeitern rollte er die Eichenfässer auf die Wiese hinter dem Verwaltungsgebäude. In aller Eile

Arthur im Alter
von 19 Jahren

Johanna im Alter
von 22 Jahren.
Sie schenkte Arthur
das Porträt 1922 zu Weihnachten. Für Arthur
war diese Fotografie seiner
Verlobten das schönste
Geschenk seit Jahren.
(Nachzulesen im Kapitel
»Von Liebe beflügelt
und von Zweifeln geplagt«
auf Seite 70)

Arthur, Walter, Günter und Johanna in ihrer Wohnung in Ober-Altwasser. Die Aufnahme stammt aus dem Jahr 1936. Johanna ist schwanger, ahnt aber noch nichts von dem Zwillingssegen. Links neben Arthur hängt ein gerahmter Bibelspruch an der Wand: »Herr, wohin sollen wir gehen? Du hast Worte des ewigen Lebens.« (Johannes 6,68)

Die vier Brüder im Sommer 1937 auf der Wiese hinter dem Gemeindehaus in Ober-Altwasser. Von links nach rechts: Walter, Reinhard, Werner (oder auch Werner und Reinhard), Günter.

Arthur mit seinen vier Söhnen im Frühjahr 1937. Von links nach rechts: Günter, Arthur mit den Zwillingen (wer welcher ist, können selbst Reinhard und Werner heute nicht sagen), rechts daneben steht Walter.

Günter fein im Anzug an Ostern 1928 vor dem evangelischen Gemeindehaus in Altwasser, wo er mit seinen Eltern wohnte. Johanna und Arthur nannten ihn liebevoll »Mandla«, auf hochdeutsch »Männlein«. Unter seinem Arm hält er ein Stoffhäschen auf Rädern.

Walter und Günter im Jahr 1940

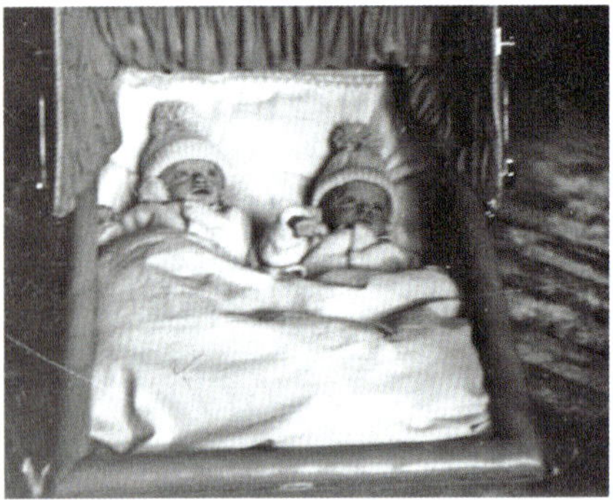

Die Zwillinge 1936 im Kinderwagen. Wir vermuten, dass Reinhard links, und Werner rechts im Wagen liegen, es könnte aber auch andersherum sein …

1. September 1942: Die Zwillinge werden in der Grundschule von Altwasser eingeschult. Links: Werner, rechts: Reinhard (s. Kapitel: »Der Krieg rückt näher«). Die beiden erinnern sich heute noch daran, dass die Schultüten »sehr groß und sehr leer« waren. Nur die Spitzen waren mit ein paar Süßigkeiten wie Bonbons und von der Mutter selbst gebackenen Keksen gefüllt. Der Rest war leer.

Werner, Johanna, Reinhard an Weihnachten 1981. Johanna ist verwitwet, doch ihre Söhne besuchen sie täglich. Es war ihr letztes Weihnachtsfest, bevor sie im März 1982 für immer ihre Augen schloss.

Herbst 1944. Die ganze Familie ist noch zusammen – doch es ist das letzte Familienfoto, aufgenommen in ihrer Wohnung in der Seegen-Gottes-Straße in Altwasser, kurz bevor Günter zum RAD einberufen wurde (s. Kapitel »Gestörter Frieden« auf Seite 93).

Die ganze Familie im Sommer 1943 bei einem Sonntagsspaziergang im Wald. Sonntags nach dem Gottesdienst pflegten sie zu Arthurs Mutter Anna nach Neu-Weißstein zu laufen, um den Nachmittag bei ihr zu verbringen. Von links nach rechts: Walter, Johanna, Werner, Arthur, Reinhard, Günter.

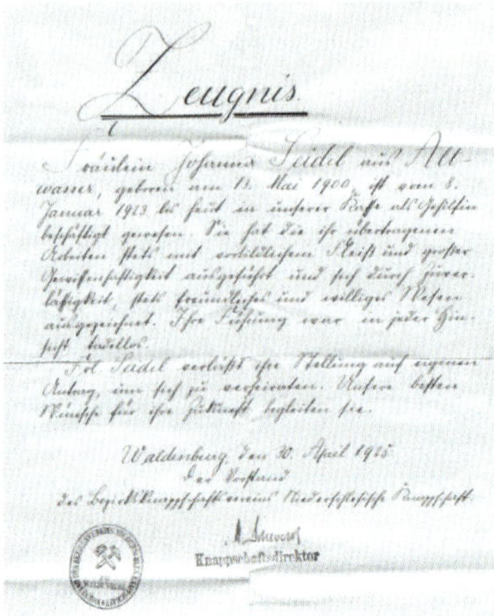

Zeugnis

Fräulein Johanna Seidel aus Altwasser, geboren am 13. Mai 1900, ist vom 8. Januar 1923 bis heute in unserer Kasse als Gehilfin beschäftigt gewesen. Sie hat die ihr übertragenen Arbeiten stets mit [illegible] Fleiß und großer Gewissenhaftigkeit ausgeführt und sich durch Zuverlässigkeit, stets freundliches und williges Wesen ausgezeichnet. Ihre Führung war in jeder Hinsicht tadellos.

Frl. Seidel verläßt ihre Stellung auf eigenen Antrag, um sich zu verheiraten. Unsere besten Wünsche für ihre Zukunft begleiten sie.

Waldenburg, den 30. April 1925
Der Vorstand
des Bezirksknappschaftsvereins Niederschlesische Knappschaft.

Knappschaftsdirektor

Dieses Zeugnis wurde Johanna am 30. April 1925 ausgestellt, als sie ihre Stelle bei der Knappschaft der Waldenburger Bergwerke aufgrund ihrer bevorstehenden Vermählung mit Arthur aufgab (s. Kapitel »Von Liebe beflügelt und von Zweifeln geplagt« auf Seite 70).

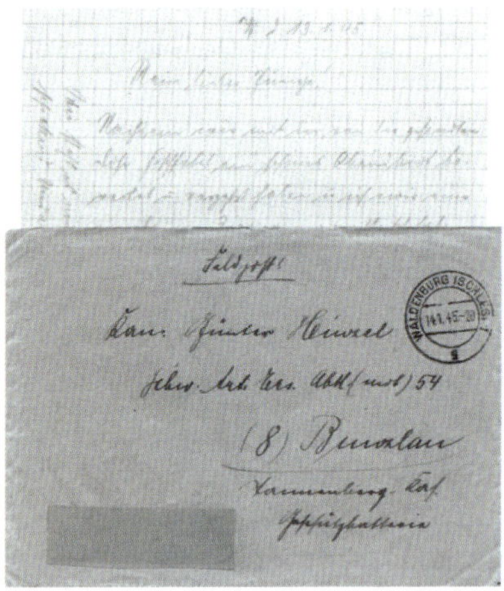

Feldpost der Eltern an Günter nach Bunzlau. Der Umschlag wurde am 14. Januar 1945 in Waldenburg abgestempelt. Nachdem Günter als vermisst galt, erhielten Arthur und Johanna die gesamte Feldpost zurück, die sie ihm geschrieben hatten. Günter hatte jeden einzelnen Brief aufbewahrt.

Die Handtasche von Johanna, in der sie alle ihre wichtigen Erinnerungen aufbewahrte, z. B. Gedichte von Arthur oder Feldpost von Günter.

Hinten links steht Arthur mit seinen Kollegen im Depot der Bergwerke, das er verwaltete. In der Mitte eines der Schnapsfässer, die Arthur später ausschütten ließ, als die Russen im Anmarsch waren (s. Kapitel »Die Russen kommen«). Die Bergleute erhielten wöchentlich eine »Schnapszulage«, die in ihre mitgebrachten Flaschen gefüllt wurde. Auf dem Bild sieht man vorne eine Flasche mit Trichter, während einer der Männer gerade Schnaps anzapft. Der Schnaps wurde dann aus der kleinen Kanne in die Flasche gefüllt.

Von links nach rechts: Walter, Arthur, Werner, Onkel Fritz und Reinhard. Nur selten kam Onkel Fritz wie hier im Jahr 1956 zu Besuch in den Schwarzwald, dann wurde gemeinsam musiziert.

Johanna und Arthur kurz vor ihrer Goldenen Hochzeit 1975. Anlässlich des bevorstehenden Festes, das am 5. Mai 1975 im Familienkreis gefeiert wurde, ließen sie sich von einem Fotografen ablichten.

Arthur an seinem 80. Geburtstag

Johanna im Alter von 80 Jahren, in Gedanken ist sie bei ihrem verstorbenen Arthur.

schlugen sie dann wortwörtlich den Fässern den Boden aus, sodass sich der ganze Schnaps über die Wiese ergoss. Anschließend rollten sie die leeren Fässer wieder ins Lager zurück, damit die Soldaten keinen Verdacht schöpfen würden.

Als Arthur am frühen Nachmittag nach Hause ging, erzählte er Johanna von dem ausgeschütteten Schnaps. Daraufhin rief sie aufgeregt: »Was machen wir denn mit unserem Nusslikör, den wir von deinem Bruder Fritz zum Hochzeitstag geschenkt bekommen haben? Sollen wir den auch ausgießen?« An den eigenen Alkohol zu Hause hatte Arthur in der ganzen Aufregung gar nicht gedacht. Johanna hatte recht, auch diese eine Flasche Likör musste verschwinden, und zwar schnell. Während Arthur noch überlegte, schlug Johanna vor: »Wir könnten die Flasche im Garten vergraben, hinter dem Hühnerstall!« Gesagt, getan. Arthur holte schnell eine Schaufel aus dem Keller, und während er hinter dem Hühnerstall ein tiefes Loch ausgrub, wickelte Johanna die Flasche mit dem kostbaren Inhalt dick in Zeitungspapier ein und legte sie so gut verpackt in eine Kiste aus Holz. Dann versenkte sie die kleine Schatzkiste in dem Loch, und Arthur schaufelte es schnell wieder zu. Um keinen Verdacht zu erregen und damit sie die Stelle später wieder finden würden, schoben sie gemeinsam einen schweren Blumenkübel darauf.

Gegen 16 Uhr war es so weit. Die ersten russischen Panzer trafen in Altwasser ein, und es dauerte nicht lange, bis Arthur von seiner Wohnung aus den ersten russischen Soldaten auch die Seegen-Gottes-Straße heraufkommen sah. In den nächsten Stunden zogen die Soldaten in Massen ein. Sie besetzten zuerst das Rathaus, das Polizeigebäude und alle anderen Verwaltungsgebäude sowie die Schulen. Nichts und niemand hätte sie aufhalten können, selbst vor gesprengten Eisenbahnbrücken und aufgerissenen Straßen hatten sie auf ihrem Weg durch Schlesien nicht haltgemacht. Keiner hielt sich nun noch an die inzwischen beinahe lächerlich wirkenden letzten Anordnungen der Partei, bis zum Äußersten Widerstand zu leisten oder gar die Kohlegruben zu sprengen. Arthur wusste, dass diese Maßnahme unbeschreibliches Elend mit sich gebracht hätte. Doch die Werke blieben entgegen den Befehlen intakt und erhielten vielen Menschen ihren Arbeitsplatz.

Jedem normalen Bürger war klar, dass es keinen Zweck mehr hatte, sich den Russen in den Weg zu stellen. Noch am selben Abend drangen die Soldaten in zahlreiche Häuser ein und nahmen Besitz davon.

Gegen 19.30 Uhr klopfte der diensthabende Aufseher der Kohlengrube aufgebracht an der Tür von Arthurs Wohnung und rief: »Arthur, komm schnell zur Grube, da stehen fünf Männer und wollen in das Lager reingelassen werden.« Arthur, der den Schlüssel zum Lager hatte, rannte mit dem aufgeregten Verwalter zur Grube. Die Männer warteten ungeduldig darauf, dass das Lager aufgeschlossen wurde. Sie waren freigelassene Kriegsgefangene und sprachen in einer Sprache, die Arthur nicht verstand. Sobald Arthur die Tür geöffnet hatte, stürzten sie sich auf das Bekleidungslager. Sie holten sich Hosen, Hemden, Jacken und Schuhe, dann zogen sie wieder ab. Arthur musste dieser ersten Plünderung machtlos zusehen. Erschüttert schloss er das Lager wieder ab und ging nach Hause. Doch eine halbe Stunde später wurde er schon wieder geholt, um das Lager erneut aufzuschließen. Als er ankam, hatten jedoch weitere Kriegsgefangene schon die Tür zum Lagerraum eingeschlagen und wühlten in den noch vorrätigen Sachen. Dieses Mal waren es Russen, die in der Nähe gefangen gewesen waren. Sie entledigten sich ihrer Gefangenenkleidung und tauschten diese direkt im Lager gegen neue Kleidung ein. Wieder stand Arthur daneben und musste zuschauen, wie die Männer sich nahmen, was sie wollten. Er wusste, dass er in Lebensgefahr schwebte, wenn er auch nur versuchen würde, jemanden daran zu hindern. Einer der Männer drückte ihm ein Paar neue Schuhe und einen Stapel Arbeitshemden in die Hand und sagte in gebrochenem Deutsch: »Hier du habben Kleider. Du auch firr dich mitnemmen!« Doch Arthur legte die Sachen wieder ins Regal zurück und antwortete: »Lasst doch den deutschen Kameraden etwas übrig.« Die russischen Männer lachten nur und sagten: »Morgen alles weg.«

Und dann gingen die Plünderer auf die Suche nach Alkohol. Schließlich fanden sie die leeren Fässer und begannen, jedes einzelne zu drehen und zu wenden. Doch es kam kein Tropfen mehr heraus. Arthur wusste nun, dass seine Entscheidung, den Alkohol auszugießen, richtig gewesen war. Da die Männer nicht ahnen konnten, dass er dies erst vor wenigen Stunden veranlasst hatte, zogen sie gegen 23 Uhr endlich weiter. Arthur löschte noch das Licht aus, dann ging er nach Hause. Dort wurde er von Johanna und seinen drei Jungen voller Angst erwartet. Sie hatten schon das Schlimmste befürchtet und damit gerechnet, dass man ihn umgebracht hatte. Arthur brachte in dieser Nacht lange kein Auge zu und vertraute später seinem Tagebuch an:

Ich war von dem Erlebten so erschüttert, dass mir der Gedanke kam, mich und meine Familie durch Gas ins Jenseits zu befördern. Ich zitterte am ganzen Körper und konnte nicht zur Ruhe kommen. Die Jungen brachten wir ins Bett. Was würde diese Nacht bringen? Aber schließlich wurde ich doch ruhiger. Ich durfte mich als Christ nicht gehen lassen. Es gab vielleicht noch schlimmere Fälle. Immer wieder suchten Johanna und ich im Gebet Kraft. Und schließlich legten wir uns in unseren Kleidern ins Bett und konnten doch einige Stunden ruhig schlafen. Das Bewusstsein der Schuldlosigkeit und der Hilfe Gottes ließ uns hoffen, die schrecklichen Tage zu überwinden.

Der Russe – Befreier oder Feind?

Viele Bewohner hatten zur Begrüßung der Russen weiße oder rote Tücher zu ihren Fenstern herausgehängt, um den Soldaten ihre Bereitschaft zum Frieden zu signalisieren. Nicht wenige freuten sich über das Eintreffen der russischen Soldaten und jubelten ihnen zu, da sie in ihnen die Befreier sahen und sie endlich das Naziregime los waren. Sie warfen ihnen Blumen zu und hießen sie mit Zigaretten, Alkohol und anderen Dingen willkommen. Arthur und Johanna verhielten sich sehr zurückhaltend und beobachteten das Schauspiel in ihrer Straße mit Skepsis. Ihnen fiel auf, dass die meisten der russischen Soldaten auf die ihnen zugesteckten Geschenke nicht freundlich reagierten.

Für zahlreiche andere Menschen war dieser Dienstag jedoch der letzte Tag ihres Lebens. Die meisten von ihnen hatten bis zuletzt auf den deutschen Sieg gehofft und sahen die ankommenden Russen als ihre Feinde an. Arthur schrieb später:

> *Der Freitod schien diesen Menschen die Erlösung zu bedeuten. Aus Angst, Verzweiflung, bitterer Enttäuschung oder ohnmächtiger Wut nahmen sich viele der Prominenten unserer Stadt durch Gift, Strick oder Revolver das Leben. Es geschah nicht nur einmal, dass der Mann erst seine Frau, dann seine Kinder und zuletzt sich selbst wegschaffte. In den ersten beiden Tagen der Russenherrschaft sind auf diese Weise um die 300 Menschen ins Grab gesunken. Es war keine Gelegenheit, für jede Leiche ein ordnungsgemäßes Grab zu bereiten. Es gab nicht genug Särge. In Decken gehüllt, senkte man sie in ein Massengrab. Und niemand weiß heute, wo der eine oder andere ruht. Es war eine regelrechte Mord- und Selbstmordepidemie. Wie viele meiner Kollegen haben sich aus dieser Welt in ein unbekanntes Jenseits gerettet. Es war wohl in den meisten Fällen die Angst vor dem unbekannten Kommenden, vielleicht auch die bittere Enttäuschung über das Vergangene, welche die Menschen in den Tod trieb. Mit welcher Entschuldigung diese Menschen vor Gott bestehen wollen, weiß nur Gott allein.*

Die Besitzerin der Drogerie im Ort war dem Nazi-Regime ebenfalls bis zum Schluss treu geblieben. Arthur und Johanna hatten sie seit vielen Jahren als freundliche, ruhige Frau gekannt. Doch nun, wo die Russen einzogen, hatte sie sich etwas ganz Besonderes überlegt. Im Gegensatz zu ihren meisten Nachbarn hatte sie statt farbiger Tücher eine Hakenkreuzfahne zur Begrüßung der russischen Soldaten zu ihrem Fenster herausgehängt. Diese wirkte auf die vorbeiziehenden Russen natürlich wie ein rotes Tuch auf den Stier, und wutschnaubend stürmten sie in das Haus der Frau. Auf ihrem Wohnzimmertisch fanden sie ein Hitlerbild aufgestellt, das mit Blumen und Hakenkreuzfähnchen geschmückt war. Doch die Frau war den Russen zuvorgekommen und lag bereits tot auf dem Fußboden. Sie hatte sich selbst vergiftet.

Der Tag danach

Am Morgen des 9. Mai war nichts mehr so, wie es war. Die Sieger nahmen sich jedes Recht heraus und machten, was sie wollten. Um 9 Uhr klopfte es an der Tür von Arthurs Wohnung. Als er aufmachte, stand ein russischer Soldat mit einem Revolver in der Hand und einem Maschinengewehr auf dem Rücken vor ihm.

Ohne ein Wort zu sagen, ging er wie selbstverständlich in die Küche und setzte sich an den Tisch. Walter, Werner und Reinhard rannten erschrocken zu ihrer Mutter, die ihre Arme schützend um sie legte. Dann warteten sie auf das, was nun kommen würde. Der Soldat begann, in aller Ruhe mit seinem Revolver zu spielen. Dabei sah er sich in der Küche um. Schließlich blieb sein Blick auf Arthurs Armbanduhr haften, dann sagte er: »Urr mirr geben.« Arthur gab ihm die Uhr. Suchend schweifte der Blick des Soldaten über die Hände von Johanna und Arthur. Wieder sprach er in gebrochenem Deutsch: »Wo Ringe? Ringe mirr geben!« Es war klar, dass er die goldenen Eheringe meinte, doch Johanna und Arthur hatten diese in weiser Voraussicht bereits versteckt. Arthur wollte sie auf keinen Fall hergeben und antwortete in ruhigem, freundlichem Ton: »Wir haben die Ringe nicht mehr. Dein Kamerad hat sie schon geholt.«

Wie würde der Russe darauf reagieren? Mit angehaltenem Atem wartete die Familie, was er als Nächstes tun würde. Er sagte nichts dazu, schien die Antwort aber zu akzeptieren. Weder Arthur noch Johanna oder ihre Jungen wagten, sich zu rühren, denn der Soldat beobachtete misstrauisch jede ihrer Bewegungen mit größter Wachsamkeit und gezückter Pistole. Als Arthur ans Fenster ging, kam er ihm sofort hinterher und hielt die Pistole an seinen Rücken. Dann sagte er: »Schnaps.

Du mirr geben Schnaps.« Arthur blieb ruhig und antwortete ihm: »Wir haben keinen Schnaps im Haus.« Nachdem der Soldat noch erfolglos nach Stiefeln verlangt hatte, verschwand er so plötzlich wieder, wie er gekommen war.

Als sie sich von dem Schreck etwas erholt hatten, ging Arthur ins Büro, um nach dem Rechten zu sehen. Was er dort vorfand, machte ihn zutiefst betroffen. Offensichtlich waren in der Nacht noch mehr Plünderer gekommen. Die Schränke und Schreibtische standen auf, der Tresor war geknackt, das Geld war weg. Arthur fiel auf, dass selbst die kleine Bleistiftspitzmaschine von seinem Schreibtisch verschwunden war. Merkwürdigerweise stand aber die Schreibmaschine noch an ihrem Platz, und an der Wand tickte die Uhr weiter, als ob nichts geschehen wäre.

Die Sonnenstrahlen der Maisonne, die an jenem Donnerstagmorgen durch die Fenster auf die Spuren der Verwüstung fielen, kamen Arthur wie Hohn vor. Auch im Lager sah es schlimm aus. Die verschlossenen Schränke waren aufgebrochen, alles war durchwühlt worden, kein Regal und keine Kiste waren dabei unberührt geblieben. Die Zuteilungen für die Bergleute wie Kaffee, Seife und ein paar wenige übrig gebliebenc Zigaretten waren verschwunden. Zurückgeblieben waren die zerlumpten Kleider, die die Plünderer ausgezogen und gegen neue Kleidung eingetauscht hatten. Arthur stellte anhand der alten Kleider überrascht fest, dass es sich dieses Mal nicht um Russen gehandelt hatte, sondern um Bergarbeiter aus seinem eigenen Werk, die er zum großen Teil seit vielen Jahren persönlich kannte. Und er musste auch zu seiner Überraschung feststellen, dass sie sich jetzt als Kommunisten entpuppten, was sie all die Jahre verschwiegen hatten. Arthur war froh, dass er zu seinen Mitarbeitern stets freundlich und kameradschaftlich gewesen war, sich für ihre Rechte eingesetzt hatte und politisch neutral geblieben war.

Ich merkte in dieser angstvollen Zeit, dass doch mancher Bergmann mich als ehrlichen Menschen achtete, wie es mir auch gesagt wurde. Das war der einzige Trost, der mir und auch meinen Lieben wie ein Lichtblick in das Dunkel kam. Es bewies mir, dass mein Verhalten gegenüber den Arbeitern und auch den Kriegsgefangenen, mit denen ich ja auch zu tun hatte, richtig gewesen war. Es bewies mir auch die Richtigkeit meines Entschlusses, nicht zu türmen, weil ich mir meiner Schuldlosigkeit bewusst war. Im Laufe der Zeit hörten wir, dass mancher Mitarbeiter unserer Grube abgeholt wurde, weil er sich bei den ihm unterstellten Gefangenen unbeliebt gemacht hatte. Wir haben diese Kollegen nicht wiedergesehen. Man merkte an diesen Verhaftungen, wie gut sich die Gefangenen oder die zivilen Ostarbeiter diejenigen gemerkt hatten, die ihnen einmal in irgendeiner Form zu nahe getreten waren. Aber der Grund war nicht bloß der Vergeltungstrieb, sondern auch der Hass, der sich nun gegen die Deutschen entfalten konnte. Deshalb war ja auch keiner der noch verbliebenen Deutschen sicher davor, verhaftet zu werden. Jede kleinste Verdächtigung hätte genügt, um für immer zu verschwinden. Und gerade dieser Ausdruck des Hasses beunruhigte uns alle. Es ist aber auch vorgekommen, dass eigene Landsleute zu dieser Methode griffen, um sich bei einem ihm nicht angenehmen Landsmann zu rächen. In diesen ersten Tagen des Umsturzes sah es so aus, als ob sich die Schleusen des Bösen und Gemeinen im Menschen geöffnet hätten, als ob die Vernichtung des Deutschen nicht nur vonseiten des Feindes, sondern auch des politischen Gegners gewollt wäre.

Der Friede wird schrecklich sein

Für Arthur war es selbstverständlich, dass er auch weiterhin seinem Dienst beim Bergbau nachging. Viele andere Bergleute kamen zunächst nicht mehr zur Arbeit und warteten ab, was weiterhin geschehen würde. Doch schon innerhalb weniger Tage forderte der russische

Kommandeur mit einem Aushang alle deutschen Bergarbeiter zur sofortigen Arbeitsaufnahme auf. Arthur las kopfschüttelnd den Text, der mit dem Satz aus dem zweiten Thessalonicherbrief 3,10 endete: *Wer nicht arbeiten will, der soll auch nicht essen!* Beinahe grotesk mutete es ihn an, dass für diesen Zweck ein Bibelspruch herangezogen wurde.

Die Arbeiter kamen dem Befehl nach, und so lief der Betrieb bald wieder weiter. Arthur war heilfroh, dass es nicht zur Sprengung des gesamten Bergwerks gekommen war, so wie die Parteiführung es eigentlich gewollt hatte. Die äußere Ordnung bei der Arbeit war zwar bald wieder hergestellt, doch die innere Unruhe, in der alle lebten, blieb bestehen. Keiner der Männer wusste, was während ihrer Abwesenheit zu Hause passierte. Auch Arthur war voller Sorge in Gedanken bei Johanna und seinen Söhnen. Jederzeit konnte es vorkommen, dass russische Soldaten sie aufsuchen würden, und dann wären sie ihnen hilflos ausgeliefert. Selbst der Weg zur Arbeit war gefährlich geworden, und man wusste nie, ob und wann man überfallen werden würde.

Die deutschen Grubenarbeiter hatten zwar einen Zettel in russischer und deutscher Sprache bekommen, der als Ausweis dienen und vor Übergriffen durch russische Soldaten schützen sollte, doch sie mussten schnell feststellen, dass diese Papiere meistens überhaupt nichts nutzten. Wer morgens heil zur Arbeit gekommen war, sah dem Feierabend schon mit Sorge entgegen. Würde man gut nach Hause kommen? Und was erwartete einen zu Hause?

Oft dachte Arthur in jenen Tagen an den Ausspruch einiger Soldaten, die im Jahr zuvor von der Front zurückgekehrt waren. Damals hatte er die Aussage nicht so recht verstanden, und es hatte merkwürdig für ihn geklungen: »Der Friede wird schrecklich sein!« Doch nun klang dieser Satz immer wieder in seinen Ohren und in diesen Tagen im Mai begann er das ganze Ausmaß des sogenannten Friedens zu verstehen.

In den ersten beiden Wochen der Russenherrschaft begleiteten Arthur und mehrere andere Bergarbeiter ihre Frauen und Kinder abends zum Schacht des Bergwerks und halfen ihnen dabei, in die Grube einzufahren. In einem großen Raum unter Tage konnten sie übernachten. Dort waren sie vor Übergriffen geschützt und hatten ein paar Stunden Ruhe. Damit ihnen niemand auf die Schliche kam, machten sie das aber nicht jeden Tag, sondern in unregelmäßigen Abständen. Zwischendurch schliefen Johanna und Arthur mit ihren drei Söhnen in verschiedenen anderen Wohnungen von Bekannten oder auch bei Johannas Schwester Gretel, damit sie nicht allein waren und die Russen nicht wussten, wo sie sich nachts befanden.

So auch in der Nacht zum 13. Mai. Arthur war mit seiner Familie zum Übernachten zu den Nachbarn gegangen. Außer ihnen waren noch zwei weitere Familien gekommen, und so befanden sich in jener Nacht 15 Personen in der Wohnung. In der großen Küche machten sich alle ein Lager zurecht und legten sich familienweise zusammen. Es dauerte lange, bis sie zur Ruhe kamen. Gegen Mitternacht schlief auch Arthur endlich ein. Doch kurz darauf wurde er plötzlich von etwas geweckt. Er sah ein Licht in der Küche aufblitzen. Sofort war er hellwach, denn er wusste, was das bedeutete. Ein Nachbar signalisierte auf diese Weise von seiner Wohnung aus, dass Russen in der Nähe waren. Schnell brachten die Männer ihre Frauen und Kinder auf den Dachboden des zweistöckigen Hauses. Dann warteten sie im Hausflur darauf, was nun geschehen würde. Alles war stockdunkel. Drinnen wie draußen herrschte Totenstille. Doch es war die Ruhe vor dem Sturm, der wenige Minuten später mit einem Mal über sie hereinbrach. Wie aus heiterem Himmel schlugen mehrere Soldaten plötzlich mit ihren Fäusten gegen die Haustür und schrien: »Aufmachen, aufmachen!« Die Männer im Haus hielten den Atem an und rührten sich nicht. Das Poltern an der Haustür hörte nicht auf. Schließlich fragte der russisch sprechende Hausbesitzer, was sie wollten. Doch zur Antwort hörten sie nur wieder »Aufmachen!«, und schon wurde gegen die Tür getreten, bis Holz absplitterte. Arthur und seine Freunde standen zitternd im Flur und rechneten damit, in den nächsten Sekunden den Eindringlingen hilflos gegenüberzustehen. Während die Soldaten draußen einen Heidenlärm machten, war es im Haus mucksmäuschenstill. Selbst die Kinder gaben keinen Laut von sich. In ihrer Not fingen die Männer an zu beten. Arthur schrieb später: *In diesen Minuten habe nicht nur ich, sondern auch die anderen haben den um Hilfe angerufen, von dem allein Hilfe kommen kann.* Urplötzlich wurde es draußen still. Die Soldaten schienen zu beratschlagen, was sie tun würden. Dann schlugen sie erneut auf die Tür ein und traten sie mit Füßen. Doch es gelang ihnen nicht, sie zu durchbrechen. Nach über einer Stunde konnten die erstaunten Männer im Haus erleichtert beobachten, wie die Eindringlinge ungläubig aufgaben und endlich abzogen. Arthur sah ihnen durchs Fenster hinterher, wie sie kopfschüttelnd in der Dunkelheit verschwanden. Erst in den frühen Morgenstunden fielen sie in einen unruhigen Schlaf. Kurz nach Sonnenaufgang gingen Arthur und Johanna mit Walter, Werner und Reinhard in ihre eigene Wohnung zurück.

So zog der 13. Mai herauf, der Tag, auf den sich die ganze Familie sonst schon lange vorher freute. An diesem Sonntag wurde Johanna 45 Jahre alt. Der Tag hätte für eine Geburtstagsfeier eigentlich nicht schöner sein können. Die Sonne schien der Familie mit ihren wärmenden Strahlen eine besondere Freude machen zu wollen, in den Gärten grünte und blühte es überall. Zarte Blättchen und Knospen reckten sich dem Sonnenlicht entgegen. Doch nach Feiern war niemandem zumute. Arthurs Schwester Frieda kam in Begleitung eines Nachbarn zu Besuch. Alleine auf die Straße zu gehen, wäre zu gefährlich gewesen. Obwohl sie mit der Mutter nur zwanzig Minuten zu Fuß entfernt wohnte, hatte Arthur seit dem Einmarsch der Russen nichts mehr von ihr gehört und war nun erleichtert, dass weder ihr noch der Mutter etwas geschehen war. Auch zu ihnen waren zwar mehrere russische Soldaten in die Wohnung gekommen, doch sie hatten keine bösen Absichten gehabt. Sie hatten nach Schnaps verlangt und sich von Frieda auf dem Klavier deutsche Volkslieder vorspielen lassen. Dann waren sie wieder gegangen.

Der ganze sonnige Tag wurde von der Furcht vor dem bevorstehenden Abend und der kommenden Nacht überschattet. Würden die Soldaten wieder kommen? In angstvoller Erwartung der bevorstehenden Nacht verbrachte Johanna ihren Geburtstag trotz schönstem Wetter mit ihrer Familie im Haus. Kurz bevor es dunkel wurde, machten sie an jedem Fenster die Fensterläden zu und verbarrikadierten die Haustür von innen. Arthur und Johanna gingen erst spät ins Bett, ihre Kleider ließen sie an. Sie waren kaum eingeschlafen, als es an die Fensterläden klopfte. Sofort waren sie wieder hellwach. Als Arthur durch die Ritzen eines Fensterladens spähte, leuchtete ihm eine Taschenlampe ins Gesicht. Schnell weckten er und Johanna ihre Jungen und rannten mit ihnen auf den Dachboden, um sich dort zu verstecken. Sie hörten, wie mehrere Männer das Haus umkreisten. Später beschrieb Arthur diese Nacht als die schlimmste ihres Lebens.

Wir liefen auf dem weiten Dachboden von einer Seite auf die andere und schrien laut um Hilfe. Ich hatte mir eine kleine Trillerpfeife besorgt und gab das Signal um Hilfe durchs Fenster in die finstere Nacht hinaus. Aber wo sollte Hilfe herkommen? Das Klopfen an unsere Fenster hörte nicht auf. Als meine Frau in einer etwas stillen Minute zum Dachfenster hinunterschaute, um festzustellen, ob die Russen abgezogen seien, zielte einer von ihnen mit dem Revolver auf sie. Erschrocken zog sie sich wieder zurück. Es gab für uns keinen Ausweg. Jeden Augenblick warteten wir auf das Klirren einer zerschlagenen Fensterscheibe. Wenn die Russen dann in unsere Wohnung gekommen wären, hätte es für uns keine Rettung mehr gegeben. Verzweifelt liefen wir hin und her. Unsere Jungen behielten die Ruhe, was vor allem für die achtjährigen Zwillinge viel war. Nach etwa einer Stunde zogen die Banditen wieder ab. Es wurde endlich ruhig. Aber die Unruhe in uns ließ uns nicht schlafen. Würden sie wiederkommen? Vielleicht dann mit Verstärkung? Wir wussten es nicht und mussten in Angst und Sorge den Tag erwarten. Es waren fürchterliche Stunden. Aber dann kam der neue Tag.

Obwohl er in dieser Nacht kein Auge zugetan hatte, ging Arthur am nächsten Morgen ins Büro. Sein Kollege erzählte ihm, dass er in der Nacht laute Hilferufe gehört habe. Arthur wusste, woher sie gekommen waren. Johanna hatte so lange und laut geschrien, bis sie heiser war.

Kuriose Begebenheiten

Wenige Tage später schlugen etwa 60 russische Soldaten auf der großen Wiese hinter Johannas und Arthurs Garten ihr Lager auf, sodass sich die Familie nun nicht mehr in ihren eigenen Garten traute und es nicht wagte, die Fenster zu öffnen oder das Haus zu verlassen.

Während dieser Zeit wurden Johanna und Arthur Zeugen eines Besuches russischer Soldaten bei ihren Nachbarn. Dort lebte eine junge Familie, die ihnen gut bekannt war. Kurt, der Familienvater, war nicht zu

Hause, als es am Vormittag laut an der Haustür klopfte. Im Haus befand sich seine junge Ehefrau Clara mit ihren zwei kleinen Töchtern Maria und Luise, sieben und drei Jahre alt. Da das aufdringliche Klopfen nicht aufhörte, machte Clara schließlich die Tür auf. Zu ihrem großen Schrecken stand sie drei Soldaten gegenüber. In ihrer Angst flüchtete sie mit ihren beiden kleinen Mädchen durch das Küchenfenster im zweiten Stock auf das Dach eines darunterliegenden Nebengebäudes. Johanna und Arthur, die das Gepolter an der Tür gehört hatten, mussten von ihrer Wohnung aus mit ansehen, was sich nun vor ihren Augen abspielte, ohne auch nur irgendwie helfen zu können. Sie beobachteten, wie Clara mit Luise auf dem Arm und Maria an der Hand versuchte, vom Dach aus nach unten zu kommen, um sich von dort in die Wohnung von Johanna und Arthur zu retten. Doch schon kamen die Russen ihr hinterher, die ebenfalls durch das Küchenfenster kletterten. Clara, die mit ihren Kindern nicht vom Dach springen konnte, stand nun zitternd vor den Eindringlingen. Johanna und Arthur fingen an zu beten. Und während sie Gott noch um Rettung für die wehrlose Frau und ihre beiden kleinen Mädchen anflehten, geschah etwas Merkwürdiges. Einer der Russen legte seine Pistole auf den Boden, dann sagte er freundlich zu Clara: »Ich auch kleines Kind haben zu Hause.« Er streichelte der kleinen Luise übers Köpfchen, griff in seine Tasche, holte ein paar Kekse heraus und gab sie den beiden Mädchen. Aufmunternd nickte er Clara zu, dann bat er für sich und seine Kameraden um ein Glas Wasser. Erleichtert und zutiefst dankbar sahen Arthur und Johanna, wie die drei Soldaten kurze Zeit später das Haus verließen, ohne Clara oder ihren Töchtern ein Haar gekrümmt zu haben.

In der darauffolgenden Woche saß Familie Seidel beim Mittagessen an ihrem Küchentisch. Arthur war wie üblich in der Mittagspause nach Hause gekommen, um mit Johanna und den Jungen zusammen zu essen. Plötzlich klopfte jemand an ihr Küchenfenster. Draußen stand ein Soldat, der dem Aussehen nach aus der Mongolei stammte. Arthur öffnete das Fenster. Der Fremde sprach kein Wort Deutsch, zeigte aber wild gestikulierend von oben bis unten auf seine Uniform. In der Hand hielt er ein Stück Seife, womit er immer wieder auf Johanna zeigte. Seine Kleider waren völlig verdreckt, und Arthur und Johanna verstanden, was der Mann von ihnen wollte. Johanna sollte seine Sachen waschen. Schon begann er, sich seiner schmutzigen Kleidung zu entledigen, bis er schließlich nur noch die Unterhose anhatte. Dann reichte er sein stinkendes Bündel, bestehend aus Mütze, Jacke, Hemd, Hose und Socken, durchs Fenster. Nachdem Johanna ihm die Sachen abgenommen hatte, bot sich vor ihr ein Bild, das beinahe zum Lachen war. Der junge Mann sah zu komisch aus, wie er in seiner Unterhose und mit einer Armbanduhr am Handgelenk vor ihnen stand. Mithilfe der Uhr zeigte er Johanna, bis wann sie mit dem Waschen fertig sein musste. Dann legte sich der Russe, so wie er war, in der Unterhose ins Gras und machte ein Nickerchen. Johanna war derweil in höchster Aufregung. Viel Zeit hatte sie nicht, und in aller Eile machte sie sich daran, einen großen Kessel mit Wasser zu füllen. Zum Glück war der Herd noch heiß, da sie erst kurz zuvor das Essen darauf gekocht hatte. Arthur legte Holzscheite nach, damit das Feuer nicht ausging, und Johanna stellte den Kessel auf die Herdplatte. Sobald das Wasser heiß war, half Walter ihr mit dem Waschen der verdreckten Kleidung, und zusammen wurden sie bis zur vorgegebenen Zeit fertig. Arthur ging an diesem Nachmittag nicht mehr in sein Büro, denn er wollte seine Frau nicht alleine lassen. Als der Soldat seine gewaschenen Sachen zurückbekam, legte er sie fein säuberlich zum Trocknen in die Sonne und schlief seelenruhig weiter. Zwei Stunden später schlüpfte er wieder in seine Uniform, setzte die Mütze auf und ging pfeifend davon.

Die Lebensmittel werden knapp

Mittlerweile ging der Betrieb auf der Grube wieder wie gewohnt weiter, und die Bergleute erhielten nach kurzer Unterbrechung auch wieder Lebensmittel zugeteilt. Dafür war die Stadtverwaltung zuständig, die sich allmählich neu zusammengesetzt hatte. Als Bürgermeister fungierte vorübergehend ein deutscher Kommunist, der von einigen seiner Gesinnungsgenossen bei seiner Arbeit unterstützt wurde.

Eines Tages ging Arthur in das Rathaus von Waldenburg, um die Abwicklung der Lebensmittelzuteilungen zu besprechen. Doch bevor das Gespräch darauf kam, hatte der Bürgermeister Arthur noch etwas ganz anderes mitzuteilen. Vor ihm auf dem Schreibtisch lag eine Liste. Er erzählte: »Herr Seidel, beim Durchsehen einiger Akten der Nazis habe ich diese Liste gefunden. Darauf befinden sich neben Ihrem Namen auch die Namen Ihrer Frau und Ihrer Söhne.« Arthur sah sich die Liste näher an. Als er die Überschrift las, wurde ihm beinahe schwarz vor Augen. Der Schreck fuhr ihm in alle Glieder. In fett gedruckten Wörtern stand ganz oben: *Liste zum Abtransport in das Konzentrationslager Auschwitz-Birkenau*, darunter als Erklärung: *Nach den Juden sind alle bekennenden Christen abzutransportieren. Mit der Verlegung nach Auschwitz wird am 10. Mai begonnen.*

Die aufgelisteten Namen waren Arthur beinahe alle bekannt. Es waren alles Menschen, die auf irgendeine Weise der Kirche dienten. Mit zitternden Händen legte er die Liste auf den Schreibtisch zurück. Der Bürgermeister sagte: »Das war knapp, da haben Sie ganz schön Glück gehabt.« Arthur antwortete nichts darauf, doch er wusste, dass es mehr als Glück gewesen war.

Mithilfe von Arthurs Einsatz konnte auch der Betrieb in der Werksküche schon bald wieder aufgenommen werden. Die Russen besorgten von irgendwoher Lebensmittel und lieferten sie in der Küche ab. Arthur, dem die Verwaltung der Kantine unterstand, war froh, sich dort jeden Tag etwas Essen holen zu können. Obwohl er die Möglichkeit dazu gehabt hätte, nahm er aber nie mehr für sich selbst, als ihm zustand. Seine Portion nahm er mit nach Hause, wo er das Essen mit seiner Frau und seinen Kindern teilte. Eigentlich durften nur die im Bergbau beschäftigten Angestellten und Arbeiter die Kantine nutzen, doch täglich kamen nun auch viele andere Menschen zur Mittagszeit dorthin. Es waren hauptsächlich Alte und Invalide, die Arthur oft im Speisesaal sitzen sah, wenn sie darauf warteten, Reste abzubekommen. Vor allem die alten Menschen hatten besonders schwer zu leiden, denn sie hatten kein Einkommen mehr, und Renten wurden auch nicht mehr gezahlt. Somit waren sie auf die Hilfe von anderen angewiesen. Auch hier half Arthur, wo er nur konnte. Oft steckte er diesen Menschen Essensreste in ihre mitgebrachten Töpfchen oder zwackte ihnen bereits vor der Essensausgabe etwas ab.

Ansonsten haperte es mit der Lebensmittelversorgung an allen Ecken und Enden. In den Bäckereien gab es so wenig Brot, dass sowohl Frauen und Männer als auch Kinder oft schon stundenlang vor Tagesanbruch vor dem Bäckerladen ausharrten, um bei der Brotausgabe am Morgen unter den Ersten zu sein. Und selbst dann konnte es passieren, dass viele von ihnen unverrichteter Dinge wieder nach Hause gehen mussten.

Fleisch gab es überhaupt nicht mehr in der Stadt, und aufs Land zu fahren, war zu gefährlich. Die meisten Kühe, Schweine und Pferde gerieten unter das Messer der Russen, die sich damit selbst mit Fleisch versorgten. In den ersten Wochen nach der Besetzung kam es immer wieder vor, dass man auf den Straßen verendete Tiere fand, die nicht mehr genug zu fressen gehabt hatten. In ihrer Not zerteilten die Dorfbewohner dann ein so gefundenes Tier. Die besten Stücke wurden herausgeschnitten und gekocht. Ab und zu kam es auch vor, dass die Russen einen Rindskopf auf die Straße warfen, für den sie keine Verwendung hatten. Doch für die hungernden Menschen war so ein Kopf ein wertvolles Stück, aus dem sie sich noch eine Suppe kochten konnten.

Bis auf wenige Ausnahmen gab es auch bei Arthur und Johanna wochenlang nichts anderes als Graupensuppe, Brot und Kartoffeln mit Salz. Mit dieser mageren Kost konnten sie zwar einigermaßen den Hunger stillen, doch sie befürchteten, dass ihre Söhne, und vor allem die achtjährigen Zwillinge, Vitaminmangel bekommen und erkranken würden. Selbst wenn sie einen Arzt aufgesucht hätten, hätte dieser nicht helfen können, denn es gab keine Arzneimittel mehr. Jahre später erschien es Johanna und Arthur rückblickend wie ein Wunder, dass sie und ihre Kinder trotz der jahrelangen mangelhaften Ernährung in dieser Zeit nicht krank wurden.

Woher kommen die Schafe?

An einem Samstagnachmittag im Juni 1945 stand Johanna in ihrer Küche und zerbrach sich den Kopf darüber, wie sie am Abend ihre Familie satt bekommen sollte. Zum Frühstück hatten sie trockenes Brot gegessen, zum Mittagessen hatte es Graupensuppe gegeben, doch jetzt waren die Vorräte erschöpft. Das angebaute Gemüse im Garten war noch nicht reif zur Ernte, und die von Arthur mitgebrachte Ration Reis und Trockenerbsen hatten sie am Tag zuvor gegessen. An diesem Abend würden sie wohl hungrig zu Bett gehen müssen, denn außer ein paar verschrumpelten Kartoffeln waren die Vorratskisten leer. Während Johanna betrübt überlegte, hörte sie auf einmal ein Geräusch. Sie hob den Kopf und lauschte. Was konnte das sein? Kamen Soldaten zu ihnen? Schnell holte sie Arthur, der im Wohnzimmer am Schreibtisch saß. Das Geräusch kam näher, und plötzlich wusste Johanna, was sie da hörten. Aufgeregt rief sie: »Schafe, das sind Schafe!« Die ganze Familie rannte nach draußen und traute ihren Augen kaum. Hinter ihrem Garten auf der großen Wiese, wo noch bis vor Kurzem die Russen gelagert hatten, standen einige Schafe und grasten bereits, während oben vom Hügel herunter immer mehr dazukamen. Schließlich befand sich eine ganze Herde Schafe auf der Wiese. Suchend sahen sich Arthur und Johanna um und erwarteten, dass jeden Augenblick auch der Schäfer auftauchen würde. Doch kein Schäfer kam. Die Schafe waren einfach da. Niemand wusste, woher sie gekommen waren und wem sie gehörten. In der ganzen Gegend hatte es weit und breit keine Schafherde gegeben. Inzwischen hatten sich auch die Nachbarn am Zaun versammelt, denn die Kunde von den plötzlich erschienenen Schafen verbreitete sich wie ein Lauffeuer und ließ in kurzer Zeit viele Bekannte und Freunde herbeieilen. Die Freude war unbeschreiblich groß. Die Kinder rannten auf die Wiese und sprangen ausgelassen mit den Lämmchen um die Wette. Die Erwachsenen fielen sich in die Arme und lachten wie schon lange nicht mehr. Für sie war der Anblick der niedlichen Schafe nicht nur eine Augenweide, sondern sie wussten, dass nun auch bald ihre hungrigen Mägen endlich wieder einmal gesättigt würden. Wie durch ein Wunder waren zu diesem Zeitpunkt keine Russen in der Nähe. Kein einziger Soldat erschien, der ihnen die Freude verdorben hätte. Theodor, ein Nachbar von Johanna und Arthur, rannte auf die Wiese, um ein Schaf einzufangen. Die anderen machten es ihm nach, auch die Kinder beteiligten sich juchzend an der Jagd. Mit vereinten Kräften schafften sie es, etliche der Tiere einzufangen. Theodor gelang es, drei Schafe in seinen Schuppen zu bringen. Eines davon gab er an Arthur ab. Ein anderer Nachbar, der erst vor Kurzem aus Brieg nach Altwasser geflüchtet war, erklärte, dass er Metzger sei. Er bot sich an, die eingefangenen Schafe zu schlachten. So kam es, dass nicht nur Arthur und seine Familie, sondern auch zahlreiche andere Menschen nach langer Zeit wieder einmal richtig satt wurden. Und Johanna wusste nun, was sie an jenem Abend auf den Tisch bringen würde. Mit erfülltem Herzen dankte die ganze Familie Gott für die Lammkoteletts auf ihren Tellern. Auch wenn die Schafe mager waren, so reichte das Fleisch doch für einen kleinen Vorrat, der ihnen über die nächsten Wochen hinweghelfen würde.

Mit dem Kruzifix in der Hand

Allmählich wurden die Tage und Nächte wieder ruhiger. Die Truppen russischer Feldsoldaten wurden abgezogen, und an ihre Stelle kamen neue Besatzungstruppen.

Arthur konnte sich neben seiner Arbeit langsam wieder mit dem Dienst in der Kirche befassen. Die Russen erlaubten den deutschen Christen im Ort, sich sonntags in der Kirche zum Gottesdienst zu versammeln. Fast alle der noch verbliebenen Deutschen hungerten nicht nur körperlich, sondern auch ihre Seele sehnte sich nach Speise und suchte Trost und Hoffnung. Die Gottesdienste waren so gut besucht wie nie zuvor. Jeder, der kam, war begierig nach Gottes Wort und hoffte, für den immer noch gefährlichen Alltag Mut und Kraft zu schöpfen. Zahlreiche Menschen, die früher das Haus Gottes nicht betreten hatten, kamen nun mit offenen Ohren und offenem Herzen. Doch es war nicht nur Unglaube gewesen, der sie von dem Gang zur Kirche abgehalten hatte. Die Nachstellungen und Diffamierungen durch die NSDAP hatten auch viele Christen davor abgeschreckt, ihren Glauben öffentlich zu leben. So fand nun auch manch einer den Weg zur Kirche zurück, der aus Furcht vor Strafe nicht mehr gekommen war. Allerdings beschränkten sich die Versammlungen der Gläubigen auf die Gottesdienste am Sonntagvormittag, denn abendliche Veranstaltungen konnten aus Furcht vor Überfällen nicht abgehalten werden. Arthur schrieb in jenen Tagen ein kleines Gedicht, das er eines Sonntags im Gottesdienst vortrug:

Wir danken alle unserm treuen Gott,
weil auch ein Glaube uns zusammenbindet.
Er half und hilft auch weiter in der Not,
er weiß auch Rat, wenn keiner ihn mehr findet.
Wir wollen weiter durch das Lebensland
ihm trauend unsre Wege fröhlich gehen,
gemeinsam tragen, was er uns gesandt,
gemeinsam auch um seinen Segen flehen.

Im evangelischen Gemeindehaus lebte zu der Zeit ein Pfarrer aus Breslau, der kurz vor Kriegsende nach Altwasser geflüchtet war. Eines Tages bekam auch er Besuch von mehreren russischen Soldaten. Sie schlugen donnernd an die verschlossene Haustür und verlangten, hereingelassen zu werden. Der Pfarrer ließ sich von dem Geschrei nicht einschüchtern und zog erst einmal seinen Talar an. Dann holte er sein Kruzifix und öffnete in aller Ruhe die Tür. Damit hatten die Russen nicht gerechnet. Als sie den Pfarrer im Talar und mit dem Kruzifix in der Hand vor sich stehen sahen, verstummten sie augenblicklich, der Mund blieb ihnen förmlich offen stehen.

Vor lauter Staunen ließen sie von ihrem Vorhaben ab, in seine Wohnung einzudringen. Einen Augenblick lang schienen sie wie erstarrt, und dann geschah genau das, was der Pfarrer kaum zu wagen gehofft hatte. Die Männer zogen ehrfürchtig ihre Uniformkappen ab und bekreuzigten sich vor ihm. Dann kehrten sie auf dem Absatz um und machten, dass sie fortkamen. Bevor der Pfarrer die Tür wieder zumachte, rief er ihnen schmunzelnd hinterher: »Möge Gott Sie segnen!« Die Soldaten kamen nie wieder zu ihm.

Tägliche Gäste

An einem Dienstagabend im Juni klopfte wieder einmal jemand an Arthurs Haustür. Als er öffnete, standen drei russische Männer vor ihm. Arthur erkannte an der Uniform, dass einer von ihnen ein Oberst war, und war angenehm überrascht, als dieser sich in fließendem Deutsch höflich vorstellte: »Guten Abend. Wir wurden darüber informiert, dass sich bei Ihnen im Haus eine Vierzimmerwohnung befindet, die von nur einer Frau bewohnt wird. Führen Sie uns bitte dorthin.« Arthur zeigte dem Oberst und seinen beiden Begleitern den Weg in den zweiten Stock zu seiner Nachbarin. Die war nicht wenig erschrocken, als sich herausstellte, dass die drei Soldaten sich in ihrer Wohnung einquartieren wollten. Der Oberst blieb höflich, doch sein bestimmter Ton duldete keine Widerrede: »Ihre Wohnung ist beschlagnahmt. Wir kommen morgen früh wieder. Bis dahin müssen Sie alle Zimmer geräumt haben.« Jeglicher Widerstand wäre zwecklos gewesen, und es lag nahe, dass die Nachbarin vorerst nach unten in die Wohnung zu Johanna und Arthur zog. Am nächsten Morgen kam der Oberst wie angekündigt mit seinen beiden Begleitern zurück, die er als seinen Knecht und seinen Kutscher vorstellte. Außerdem brachte er zwei Pferde mit, die ebenfalls eine Unterkunft brauchten. Arthur räumte seinen Schuppen im Garten aus, damit die Pferde dort einziehen konnten. Währenddessen ließen sich die drei Soldaten in der geräumigen Wohnung im zweiten Stock häuslich nieder. Johanna und Arthur war es zunächst mulmig zumute, mit den Fremden unter einem Dach zu leben. Doch zu ihrer großen Erleichterung stellten sie schnell fest, dass die drei neuen Mitbewohner anständig waren, und dass der erste Eindruck von dem höflichen Oberst nicht getäuscht hatte. Auch die drei Männer merkten sehr bald, dass Johanna und Arthur ihnen gegenüber nicht feindselig gesinnt waren, sondern immer ein freundliches Wort für sie hatten. So kam es, dass sich beinahe so etwas wie eine Freundschaft zwischen ihnen entwickelte. Der Oberst kam gerne zu ihnen, denn der

Friede und die Liebe, die die Familie ausstrahlten, gingen nicht spurlos an ihm vorüber. Auch der Knecht und der Kutscher kamen gerne auf einen kleinen Besuch vorbei und wurden tägliche Gäste bei Johanna und Arthur. Manchmal brachten sie auch etwas mit, ein Stück Brot, etwas Butter oder was sie sonst gerade hatten. Das waren für die ganze Familie Kostbarkeiten, die sie lange hatten entbehren müssen. Der Oberst teilte ab und zu seine Zigaretten oder seinen Tabak mit Arthur. Wenige Tage nach seinem Einzug stand er mit zwei Gläsern Wodka vor der Tür und sagte: »Heute wollen wir auf unsere gute Nachbarschaft anstoßen. Ich heiße Sascha.«

Arthur und Johanna waren sehr dankbar, dass sie in Sascha und seinem Gefolge freundliche und höfliche Mitbewohner hatten. Und nicht nur das, schnell merkten sie außerdem, dass von dem Moment ihres Einzugs an niemand mehr kam, um sie zu belästigen. Keiner wagte sich mehr mit böser Absicht in ihre Nähe. Durch seine bloße Anwesenheit bot der Oberst ihnen ohne sein Zutun Schutz vor Übergriffen.

Eines Tages, als Arthur gerade in der Mittagspause zu Hause war, klopfte jemand an sein Wohnzimmerfenster. Als er die Haustür öffnete, sah er einen Lieferwagen im Hof stehen und daneben einen russischen Soldaten, der ihm etwas zurief. Dabei fuchtelte er mit seinen Händen herum und zeigte immer wieder vom Wagen zu Arthurs Haus. Da er alles auf Russisch sagte, verstand Arthur nicht, was der Mann wollte. Schnell schickte er Walter auf die Grube und ließ einen Kollegen holen, der Russisch sprechen konnte. Mit seiner Hilfe wurde schnell klar, um was es ging. Der Wagen war mit Lebensmitteln vollgeladen, die der Soldat in einem kühlen, sicheren Raum im Haus unterbringen wollte. Als Arthur ihm im Keller die Waschküche zeigte, nickte der Russe wohlwollend mit dem Kopf. Dann ging er zu seinem Auto und begann, seine Ware auszuladen. Inzwischen hatten sich auch Johanna, Walter, Werner und Reinhard zu Arthur gesellt und kamen aus dem Staunen nicht mehr heraus. Was sich nun vor ihren Augen abspielte, ließ ihre Herzen erfreut höher schlagen und das Wasser im Mund zusammenlaufen. Kistenweise kamen Butter, Wurst, Rauchfleisch, frische Gurken, Äpfel und sogar Erdbeeren zum Vorschein. Der Soldat gab Arthur zu verstehen, dass sie alle helfen sollten, die Vorräte in den Keller zu bringen. Während sie seiner Aufforderung nachkamen und die Sachen in den Waschraum schleppten, knurrte ihnen angesichts der seit Monaten entbehrten Köstlichkeiten der Magen. Immer noch mehr Vorräte holte der Soldat aus seinem Wagen. Schachtelweise Eier, Säcke voller Kartoffeln, Karotten, Zwiebeln und vieles mehr. Als alles im Waschraum untergebracht war, schloss er die Tür ab und überreichte Arthur den Schlüssel. Dabei sagte er etwas, was die Zwillinge beinahe zum Lachen brachte: »Nix zappzarapp machen!« Sie verstanden nicht, was das hieß, doch Johanna konnte ihnen erklären, dass sie nichts wegnehmen sollten.

Nachdem der Soldat wieder abgefahren war, stand Arthur wie vom Donner gerührt mit dem Schlüssel in der Hand auf dem Hof und schüttelte benommen den Kopf. Ihm war, als habe er das soeben Erlebte nur geträumt. Da hatten sie gerade so viel Lebensmittel in den Händen gehalten, dass man einen kleinen Laden damit auffüllen könnte, und sie durften nichts davon essen. Auf einmal war aus seiner eigenen Waschküche ein prall gefüllter Lagerraum mit den herrlichsten Köstlichkeiten geworden, mit Nahrungsmitteln in Hülle und Fülle, wie er sie schon lange nicht mehr gesehen hatte. Und er hielt den Schlüssel zu dem nun wie eine Schatzkammer anmutenden Waschraum in der Hand. Die Versuchung war groß, schnell in den Keller zu laufen, die Tür aufzuschließen und sich von der reichhaltigen Auswahl etwas zu holen. Arthur überlegte. Vermutlich würde der Soldat gar nicht merken, wenn sie sich ein paar Kartoffeln oder ein Stück Fleisch stibitzen würden. Es musste ja nicht viel sein, etwas Fleisch, Kartoffeln und Karotten wären mehr, als sie seit vielen Monaten zu essen gehabt hatten. Doch es wäre Diebstahl, und noch dazu würde er sich und seine Familie in große Gefahr bringen, wenn der

Soldat doch etwas merken sollte. Während Arthur hin und her überlegte, tobte in ihm ein wahrer Sturm, und er kämpfte mit sich selbst, was er tun sollte. Unschlüssig stand er auf dem Hof. Dabei schaute er den Schlüssel in seiner Hand an, als ob dieser ihm eine Antwort geben könnte. Nachdem er mehrere Minuten lang so mit sich gerungen hatte, siegte schließlich seine Aufrichtigkeit, und er tat es nicht.

Am Abend kam derselbe Soldat wieder angefahren. Dieses Mal brachte er einen Kameraden mit. Sein Lieferwagen war erneut mit Vorräten gefüllt. Arthur war mit Walter alleine zu Hause, Johanna war mit den Zwillingen zu ihrer Schwester gegangen. Nachdem sie den beiden Männern geholfen hatten, die Sachen im Waschraum zu verstauen, ging Arthur mit Walter in die Küche, um die Kartoffelschalen- und Graupensuppe zu essen, die Johanna für sie vorbereitet hatte. Doch plötzlich standen auch die beiden Soldaten in der Küche; in den Händen hielten sie ein großes Stück Wurst, ein Päckchen Butter und einen Laib Brot. Mit Händen und Füßen gaben sie Arthur zu verstehen, dass er ihnen die Wurst braten sollte. Er tat, wie ihm geheißen wurde. Walter stand daneben und blickte sehnsüchtig auf die köstlich duftende Wurst, die in reichlich Butter in der Pfanne brutzelte. Als das Essen fertig war, schmausten die zwei Soldaten vor den hungrigen Augen ihrer Gastgeber in aller Ruhe, bis sie alles aufgegessen hatten. Zum Schluss wischten sie mit den letzten Brotstücken die Butter aus der Pfanne und steckten sie sich genüsslich in den Mund. Danach hatten sie keine Eile, wieder zu gehen. Sie erzählten etwas auf Russisch, doch Arthur verstand kein Wort. Da hatte er eine Idee. Er holte eine Landkarte von Russland, und so konnten die beiden fremden Männer ihm zeigen, woher sie kamen. Der eine stammte aus dem Ural, der andere aus Wladiwostok. Satt und zufrieden verabschiedeten sie sich schließlich von Arthur und Walter, deren Magen inzwischen vor Hunger laut knurrte. Nachdem Arthur die Wohnungstür zugeschlossen hatte, hörte er, wie die Männer nach unten in die Waschküche gingen, und dachte: »Sicher holen sie sich noch Proviant für morgen.« Gleich darauf klopften sie noch einmal an seine Tür. Wie überrascht war er, als sie ihm ein großes Stück Wurst und ein 5 Kilogramm schweres Stück Butter in die Hände drückten. Mit den Geschenken wollten sie sich bei ihm bedanken, so viel verstand Arthur. Doch wofür sie sich bedankten, wusste er nicht genau. War es, weil er ihnen das mitgebrachte Essen zubereitet hatte? Oder weil er sie freundlich ins Haus gelassen hatte? Vielleicht hatten sie aber auch nur jemanden gebraucht, dem sie von ihrer Heimat erzählen konnten. Arthur hatte zwar nichts von dem verstanden, was sie gesagt hatten, doch in seinem Herzen hatte er ihr Heimweh gespürt und wie sehr sie ihre Familie vermissten. Die Männer winkten ihm zum Abschied freundlich zu, dann verschwanden sie in der Dunkelheit.

Am nächsten Morgen war die Freude groß, als Johanna mit den Zwillingen nach Hause kam und Wurst und Butter im Schrank fand. Die Butter teilten Arthur und Johanna mit ihren Nachbarn, aber die Wurst ließen sie sich alleine schmecken. Während der nächsten zwei Wochen kamen immer wieder Soldaten, um sich von dem Vorrat etwas abzuholen. Eines Morgens sah Johanna vom Küchenfenster aus, wie einer der Russen auf dem Hof einige Stücke Rauchfleisch begutachtete und sie dann in die Mülltonne schmiss. Als er fort war, rannte sie hinaus, holte das Fleisch aus der Tonne und sah, dass Maden darauf herumkrochen. Doch der Hunger war größer als der Ekel, und so befreite Johanna das Fleisch von den Maden und wusch es gründlich ab. Die ganze Familie freute sich, als zum Mittagessen die Graupensuppe mit Rauchfleisch angereichert war.

An einem Montag Mitte Juni kam der Soldat ein letztes Mal mit seinem Lieferwagen angefahren und holte mit Arthurs Hilfe die restlichen Essensvorräte aus der Waschküche. Zum Abschied schenkte er Johanna noch ein großes Stück Butter, dann verschwand er auf Nimmerwiedersehen.

Ein Oberst in Reiterstiefeln und Schlafanzug

Oberst Sascha hatte inzwischen eine deutsche Freundin gefunden, deren Mann im Krieg gefallen war. Sie hieß Anneliese und war gelernte Schneiderin. Johanna und Arthur kannten sie seit vielen Jahren, denn ihre Tochter war mit Günter in derselben Klasse gewesen. Sie wohnte nur ein paar Straßen weiter in Richtung Ortsmitte. Eines Tages kam sie mit einem Päckchen zu Johanna. Stolz sagte sie: »Sieh dir mal an, was ich aus meinem alten Vorhangstoff für Sascha genäht habe.« Sie wickelte das in Papier eingeschlagene Päckchen aus und hielt triumphierend einen Schlafanzug hoch, bestehend aus einer Hose und einer dazu passenden Jacke. Während Johanna sich den Pyjama näher betrachtete, sah sie den Vorhang wieder vor sich, der noch vor Kurzem in Anneliese Wohnzimmer gehangen hatte. Fröhlich erzählte Anneliese: »Ich habe mir gedacht, dass ich die Vorhänge nach 20 Jahren mal erneuern sollte, und da kam mir die Idee, für Sascha einen Schlafanzug daraus zu nähen. Ist der nicht schön geworden?« Johanna musste sich bemühen, nicht laut loszulachen. Die Vorstellung, wie der Oberst darin aussehen würde, war zu komisch. In dem dunkelgrünen Stoff waren viele große Blüten eingewebt, die kunterbunt in Rot, Orange, Gelb und Lila schillerten. Den Kragen an der Schlafanzugjacke hatte Anneliese aus einem rot-weiß gestreiften Stoffrest angenäht, und die dicken braunen Knöpfe stammten von einer alten Jacke ihres Mannes. »Der ist wirklich sehr hübsch geworden«, war alles, was Johanna herausbrachte, als Anneliese den Schlafanzug wieder in das Papier einwickelte. Dann ging Anneliese einen Stock höher, um Sascha ihr handgefertigtes Geschenk zu bringen. Und sie sollte nicht enttäuscht werden, ihr russischer Offizier freute sich riesig.

Ein paar Tage später saßen Arthur, Johanna und die drei Jungen gerade am Küchentisch und löffelten ihre Graupensuppe zum Frühstück. Dabei sahen sie Sascha draußen vor dem Küchenfenster vorbeigehen. Wie jeden Morgen ging er zum Schuppen, um auf einem seiner Pferde auszureiten. Offensichtlich hatte er das auch an diesem Morgen vor, denn er hatte seine Reiterstiefel an. Doch irgendwie sah er anders aus als sonst. Die ganze Familie ging zum Fenster, um ihn sich näher anzusehen. Anstelle seiner Uniform trug er einen merkwürdig geblümten Anzug. Johanna erkannte den Stoff sofort wieder: Es war der Schlafanzug, den Anneliese ihm genäht hatte. Das Bild, das sich der Familie bot, war so lustig, dass sie in schallendes Gelächter ausbrachen. Da lief der Oberst in dem von oben bis unten mit bunten Blüten übersäten dunkelgrünen Schlafanzug bekleidet über den Hof. Die Beine der Schlafanzughose hatte er akkurat in seine bis an die Knie reichenden schwarzen

Lederstiefel gesteckt, die Schlafanzugjacke hatte er von oben bis unten zugeknöpft, der rot-weiß gestreifte Kragen war nach oben geklappt und reichte bis an sein Kinn. Auch die Reiterkappe auf dem Kopf fehlte nicht. Hoch erhobenen Hauptes schritt er würdig über den Hof. Er war offensichtlich so stolz auf seinen neuen Anzug, dass er ihn nicht nur im Haus tragen wollte. Um seinen prachtvollen Staat abzurunden, trug er an jedem Arm drei Armbanduhren.

Kurze Zeit später sahen Arthur, Johanna, Walter, Werner und Reinhard vom Küchenfenster aus zu, wie er in diesem Aufzug das Pferd aus dem Schuppen führte, sich mithilfe seines Knechts in den Sattel schwang und schließlich davonritt, ebenfalls sehr zur Erheiterung derer, die ihm bei seinem Ausritt begegneten.

Nicht lange danach wurde Sascha nach Moskau beordert, wo er einen Orden verliehen bekam. Weder Arthur und Johanna noch Anneliese sahen ihn jemals wieder. Nicht nur er, auch viele der anderen russischen Soldaten im Ort wurden in den nächsten Tagen abgezogen.

Wie Fremde in der eigenen Heimat

Ende Juni 1945 ging Arthur wie üblich am Morgen ins Büro. Schon von Weitem sah er am Eingangstor zum Grubengelände ein großes Plakat hängen, das jemand über Nacht dort aufgehängt hatte. Bei näherem Betrachten sah er, dass der Aushang auf Deutsch und Polnisch verfasst war. Überrascht las er den Text:

Bekanntmachung: Nach jahrhundertelanger Trennung kehrt Schlesien endlich zum polnischen Staat zurück. Die Polen kommen wieder in ihre Heimat! Am 1. Juli 1945 übernimmt der polnische Staat die Verwaltung der Region. Sämtliche industrielle Anlagen gehen in den Besitz der Polen über. Alle deutschen Bürger werden ab sofort dem polnischen Machthaber unterstellt.

Arthur traute seinen Augen nicht. Er fühlte sich benommen, als hätte ihm jemand einen Schlag ins Gesicht versetzt. Er begriff nicht, was das zu bedeuten hatte. Schlesien sollte polnisches Land sein? Er wusste zwar, dass seine Heimat vor vielen Hundert Jahren eine Zeit lang unter polnischen Fürsten gestanden hatte, aber nun war es doch schon lange deutsch. Während Arthur kopfschüttelnd vor dem Aushang stand, versammelten sich immer mehr Bergarbeiter um ihn herum, die sich ebenfalls keinen Reim daraus machen konnten. Eifrig diskutierten die Männer, was das zu bedeuten hatte, und kamen schließlich überein, dass sich jemand einen Scherz erlaubt hatte und sie der Ankündigung keinen Glauben schenken würden. Die aufgestellte Behauptung, Schlesien würde zu Polen zurückkehren, kam ihnen einfach nur lächerlich vor. Das konnten und wollten sie nicht glauben. Lachend gingen sie schließlich durch das Tor, um mit ihrer Arbeit zu beginnen. Auch Arthur ging mit einem Grinsen kopfschüttelnd in sein Büro und kümmerte sich nicht weiter um den Aushang. Doch das Lachen sollte ihnen bald vergehen. Wie angekündigt nahm die polnische Verwaltung am 1. Juli das schlesische Zepter in die Hand und deklarierte Schlesien zu ihrem Besitz.

Zu dem Zeitpunkt wusste Arthur nichts von den Abmachungen der Siegermächte. Erst viel später erfuhr er, dass die Staatsoberhäupter Franklin Roosevelt, Winston Churchill und Josef Stalin sich bereits im Februar bei der Konferenz von Jalta getroffen hatten, um über die Aufteilung Deutschlands zu verhandeln. Ebenso wenig wusste er in diesen letzten Tagen im Juni, dass die drei

Siegermächte Sowjetunion, Großbritannien und die USA in Kürze zu Verhandlungen in Potsdam zusammenkommen würden, um Deutschland neu zu ordnen. Er ahnte nicht, dass Schlesien den Polen als Entschädigung zugesprochen wurde.

Doch wie alle anderen noch in Schlesien lebenden Deutschen musste auch er sich mit der Tatsache abfinden, dass seine Heimat nun sozusagen den Besitzer wechselte. Während die Russen vorerst noch als Besatzungsmacht im Land blieben, übernahmen die Polen die Zivilverwaltung. Eine der ersten Maßnahmen war, dass die deutsche Währung abgeschafft wurde. Ab sofort galten nur noch polnische Złoty. Die gesamten Ersparnisse auf der Bank sowie das Bargeld, das viele Deutsche noch zu Hause hatten, wurden ungültig. Von einem Tag auf den anderen wurden sie arm.

Einige besonders schlaue und gerissene Händler kauften Arthur und vielen anderen Einwohnern für ein paar Złoty ihre deutschen Geldscheine und Silbermünzen ab. Mit dem Geld reisten sie dann in andere Gebiete Deutschlands, wo sie dafür Lebensmittel kauften. Anschließend kehrten sie mit diesen Waren wieder zurück in das nun polnische Schlesien und boten die Lebensmittel den hier noch lebenden Deutschen für teures deutsches Geld an. Besonders scharf waren die Händler dabei auf die Silbermünzen. Auch Arthur blieb nichts anderes übrig, als für ein paar Lebensmittel Wucherpreise zu bezahlen, denn die Familie war am Hungern. So schmolzen seine Ersparnisse schnell zusammen. Neues Geld gab es vorerst nicht. Obwohl er weiterhin täglich seiner Arbeit auf der Grube nachging, erhielt er monatelang kein Gehalt mehr.

Die Festsetzung der Löhne und Gehälter auf politischer Basis nahm Wochen in Anspruch. Und was dann gezahlt wurde, reichte hinten und vorne nicht. Wie allen anderen Deutschen auch, blieb Arthur und Johanna nichts anderes übrig, als alles zu verkaufen, was sie irgendwie entbehren konnten.

Viele der Polen konnten recht gut Deutsch sprechen, denn oft kamen sie aus dem polnischen Teil Oberschlesiens rechts der Oder, der als Grenzgebiet zwischen Deutschland und Polen schon einige Male die Besitzer gewechselt hatte. Das Deutsch, das sie sprachen, war etwas eigenartig, denn es war oft mit polnischen Wörtern und Ausdrücken gespickt. Die deutschen Schlesier gaben dieser sonderbaren Sprache den Spitznamen Wasserpolnisch.

Die russische Militärpräsenz verschwand allmählich immer mehr, und die zivile Bevölkerung aus Polen machte ihren Besitzanspruch geltend. Arthur beschrieb seine ganz persönliche Erfahrung und Sichtweise über diese turbulenten Wochen nach dem 1. Juli später so:

Mit der Übernahme der Verwaltung sowohl städtischer als auch privater Betriebe, der Eisenbahn und der Post zogen ständig neue polnische Menschen in unsere Stadt. Das bedeutete nun, dass die von den Deutschen verlassenen Wohnungen nicht mehr ausreichten, um die Neuen unterzubringen. Da griff man zu dem einfachsten Mittel der Gewalt: Man setzte die Deutschen einfach auf die Straße. Mochten sie sehen, wie und wo sie unterkamen. Das war den Polen egal, da gab es weder Rücksicht noch Mitleid. Es kam nicht selten vor, dass mancher Deutsche innerhalb von zehn Minuten sein gesamtes Hab und Gut loswurde. In vereinzelten Fällen ließ man dem Wohnungsinhaber eine halbe Stunde Zeit, damit er wenigstens das Notwendigste einpacken konnte. Aber es kam viel öfter vor, dass man den Rausgeworfenen sogar die Mitnahme von Brot oder dem nötigsten Essgeschirr verweigerte. Alle größeren Gegenstände mussten sowieso in der Wohnung bleiben. Mancher Pole mag sich wie ein Fürst vorgekommen sein, wenn er in die komfortablen Wohnungen unserer Direktoren, Ingenieure, Kaufleute, Beamten und Arbeiter einzog. So etwas gab es ja in Polen nicht. Selbst die Russen hatten gestaunt, als sie die gut eingerichteten Wohnungen der deutschen Arbeiter betreten hatten. Und die Polen staunten noch mehr. Für uns Deutsche kamen nun die bittersten Tage. Wir hatten geglaubt, dass mit der Einsetzung einer rechtmäßigen

Regierung nun wieder Recht und Ordnung einziehen würden. Doch schon bald mussten wir erkennen, dass unser Glaube und unsere Hoffnung nur eine Illusion waren. Wenn wenigstens die Beschlagnahmung der Wohnungen durch die neuen Behörden erfolgt wäre! Aber das gab es ja nicht. Jeder neue Pole nahm sich das Recht heraus, die beste Wohnung auszusuchen und zu beschlagnahmen. Da gab es für uns keine Hilfe und kein Recht. Und die polnische Regierung zog bewusst und konsequent immer mehr Leute heran.

Wie auf einem Vulkan

Zunächst blieben die Bergbau-Angestellten von den Beschlagnahmungen verschont. Die Bergbau-Industrie war bekannt für ihre große wirtschaftliche Bedeutung, und die Polen machten sich die jahrelangen Erfahrungen der noch in Waldenburg lebenden deutschen Bergarbeiter zunutze. Ohne sie hätten die Polen die Kohleförderung nicht ohne Einbußen weiterführen können. Aus diesem Grund wurde jeder im Bergbau Beschäftigte offiziell unter besonderen Schutz gestellt und erhielt einen »Ausweis« in Form eines einfachen Zettels in russischer, polnischer und deutscher Sprache. Darauf stand: *Die Bewohner dieses Hauses dürfen nicht dazu gezwungen werden, ihre Wohnung zu verlassen. Ihr Hab und Gut hat unberührt zu bleiben.*

Auch Arthur erhielt von der neu eingesetzten polnischen Bergwerksdirektion einen solchen Ausweis und wurde dazu angehalten, diesen an seine Haustür zu kleben. Er und Johanna waren froh darüber und hofften, dadurch Ruhe vor Eindringlingen zu haben.

Ein paar Wochen lang blieben sie auch ungestört, doch eines Morgens Anfang August erschien ein langjähriger Mitarbeiter Arthurs aufgelöst in seinem Büro und erzählte ihm: »Als ich gestern Abend von der Arbeit nach Hause kam, waren meine Frau und meine Kinder nicht mehr in unserer Wohnung. Stattdessen saß ein polnisches Ehepaar wie selbstverständlich auf meinem Sofa. Am Wohnzimmerschrank waren sämtliche Schubladen aufgerissen, und vier kleine Kinder spielten mit den Sachen meiner Kinder. Von meiner Frau und meinen Kindern war keine Spur zu sehen. Der fremde Mann sah mich an, als ob ich der Eindringling sei und nicht er. Als ich ihn anflehte, mir doch zu sagen, wo meine Familie war, machte er nur eine Handbewegung, um anzudeuten, dass er sie fortgescheucht hatte. Ich rannte zu meiner Schwester, wo ich sie tatsächlich fand. So wie sie waren, mussten sie das Haus verlassen. Meine Frau konnte nicht einmal mehr die wichtigsten Papiere oder etwas Geld mitnehmen.«

Zu jeder Tages- und Nachtzeit musste damit gerechnet werden, aus der eigenen Wohnung herausgeschmissen zu werden. Arthur drückte es so aus:

Man lebte wie auf einem Vulkan, der jederzeit ausbrechen konnte. Und keiner wusste, wann. Wer nicht bei Verwandten oder Freunden unterschlupfen konnte, musste selbst zusehen, wo er blieb. Nachbarn rückten zusammen, und immer öfter kam es vor, dass vier oder fünf Familien in einer Wohnung lebten.

Auch die anfänglich noch gesicherten Arbeitsstellen der deutschen Beamten und Angestellten wankten langsam, und immer mehr verloren im Laufe jener Wochen und Monate ihre Stelle. An Arbeitslosengeld oder Unterstützung irgendeiner Art war nicht zu denken. So waren unzählige Menschen auf einen Schlag darauf angewiesen, dass ihnen diejenigen Landsleute halfen, die es noch konnten. Arthur brachte die Zustände jener Tage auf den Punkt:

Für uns Deutsche waren die Verhältnisse erdrückend. Aber was half alles Klagen, alle Wut, aller Hass! Wir mussten still bleiben und abwarten. Wir hofften, dass vielleicht doch eine Besserung eintreten würde. Um diese Zeit entstanden die ersten Parolen. Hinter vor-

gehaltener Hand wurde vom Abzug der Polen und der Wiedereinsetzung einer deutschen Verwaltung gemunkelt. Man wollte es einfach nicht glauben, dass man mit uns so Schindluder trieb.

Wie Arthur und Johanna klammerten sich alle der immer noch zahlreichen deutschen Einwohner ihrer Stadt an jeden Strohhalm, der Hoffnung machte. Die Ungewissheit über ihre Zukunft und die nicht enden wollende Not lag schwer auf ihren Seelen. Sie machten sich gegenseitig Mut. Für viele war es geradezu lebensnotwendig, irgendein Licht in diese Finsternis zu bringen. Jegliche Hoffnung auf Besserung war für sie wie ein Sonnenstrahl, der ihr Herz erhellte.

So raunte man sich zu: »Haltet aus, Weihnachten sind wir wieder deutsch!« oder: »Bald werden die Russen und Polen in ihre eigene Heimat zurückkehren, nun kann es nicht mehr lange dauern!«

Doch die Fremden dachten nicht daran, sich zurückzuziehen, und alle Hoffnungen der Deutschen zerschlugen sich. Die Beschlagnahmungen der Häuser und Wohnungen wurden erbarmungslos fortgesetzt, die Entlassungen hörten nicht auf. Auch die Polen hofften auf ein besseres Leben, denn sie waren zum großen Teil selbst aus ihrer Heimat vertrieben worden und auch ihnen war großes Leid zugefügt worden. Die Wohnkultur der Deutschen, die sie hier vorfanden, gefiel ihnen laut Arthur gut:

> *Was für uns schon lange selbstverständlich war, grenzte sowohl für viele Russen als auch für die Polen an ein Wunder. Toiletten zum Spülen, Badewannen und Duschen, fließend Wasser im Haus kannten sie aus ihrer eigenen Heimat nicht. Vor allem aber die für die Deutschen üblichen Gardinen an den Fenstern machten auf sie den Eindruck, dass die Wohnungsinhaber reich sein mussten. Mehr als einmal musste ich mühevoll erklären, dass selbst einfache Arbeiter bei uns Gardinen aufhängten.*

Auch Plünderungen standen auf der Tagesordnung, wie Arthur in seinem Tagebuch schilderte:

> *Wie viele Waggons mit herrschaftlichen Wohnungseinrichtungen sind von den Russen abtransportiert worden! Wie viele uns so wertvolle Stücke wie Klaviere, Flügel, Büfetts und dergleichen vieles mehr wurden zerschlagen und vernichtet! Welche Werte wurden durch den Unverstand der »Sieger und Befreier« zerstört! Was die Russen übrig gelassen hatten, fiel den Polen in die Hände. Der Unterschied dabei war, dass es verboten wurde, Möbeleinrichtungen wegzuschaffen. Wer es*

doch versuchte, wurde bestraft. Wir haben später erfahren, dass hinter der früheren Grenze ganze Berge von Möbeln auf Feldern und an Wegrändern verstreut lagen, weil sie nicht weitertransportiert werden konnten.

Doch es gab auch anständige Polen, denen das Verhalten ihrer Landsleute nicht gefiel. Eines Tages kam ein polnischer Mitarbeiter in Arthurs Büro. Nachdem er eine Weile herumgedruckst hatte, brachte er in gutem Deutsch sein Anliegen hervor: »Ich möchte mich dafür entschuldigen, dass so viele Polen hierherkommen und euch so schlecht behandeln.« Dann beugte er sich näher zu Arthur heran und sagte im Flüsterton: »Sie müssen wissen, dass viele meiner Landsleute gerade nach Waldenburg geschickt wurden, weil sie früher schon durch schlechtes Benehmen auffielen. Darunter befinden sich auch etliche Straffällige, die bereits im Gefängnis waren. Aber glauben Sie mir bitte, dass wir nicht alle so sind. Und es wird besser werden. Aber das muss unter uns bleiben, sozusagen unter dem Siegel der Verschwiegenheit.« Arthur bedankte sich bei dem polnischen Arbeiter für dessen Vertrauen und versprach ihm zu schweigen. Die Worte des Polen gaben Arthur neuen Auftrieb und die Hoffnung, dass es bald besser werden könnte. Mit vielen anderen Deutschen hoffte er darauf, dass nach den

Wirren des verlorenen Krieges Wirtschaft und Industrie bald wieder in geregelte Bahnen gelenkt würden. Doch davon waren sie noch weit entfernt.

Mit weißer Armbinde gekennzeichnet

Obwohl am 8. Mai 1945 die bedingungslose Kapitulation der deutschen Wehrmacht in Kraft getreten war, wurden die Deutschen weiterhin als Feinde angesehen und waren rechtlos. Jeder Deutsche galt als ein Schuldiger, an dem man sich rächen konnte.

Die Unruhe und Unsicherheit, die Arthur und seiner Familie wie allen anderen Deutschen im Ort seit dem Einzug der Russen das Leben schwer gemacht hatten, ließen auch unter der Besetzung durch die Polen nicht nach. Wenn Arthur morgens das Haus verließ, um zur Arbeit zu gehen, war er in Gedanken besorgt bei seiner Frau und seinen Söhnen, denn er konnte nie wissen, was sich während seiner Abwesenheit daheim abspielte. Mehr als einmal ließ Johanna ihn nach Hause holen, weil sich in der Nähe Polen herumdrückten.

Eines Abends, als Arthur von der Arbeit nach Hause kam, eilte ihm Johanna schon entgegen und rief aufgeregt: »Stell dir vor, heute ist eine polnische Kommission mit bewaffneten Polizisten in unser Haus gekommen. Sie sind direkt nach oben gegangen und haben unsere Nachbarn abgeführt. Ich habe gehört, wie sie sagten, es sei nur zu einer kurzen Vernehmung, aber sie haben die Wohnung versiegelt und mir befohlen, ja niemanden dort hinein zu lassen.« Die Mieter der Wohnung im obersten Stockwerk waren eine deutsche Frau und ein deutsches älteres Ehepaar, die erst vor Kurzem dort eingezogen waren. Arthur und Johanna waren gut mit ihnen ausgekommen, kannten sie aber kaum. Sie sollten nie herausfinden, warum sie verhaftet wurden; sie sahen sie nicht wieder.

Die Hoffnung der noch verbliebenen Deutschen auf einen normalen Alltag schwand immer mehr. Das Gegenteil schien der Fall zu sein, beinahe täglich gab es neue Überraschungen.

Eine der ersten Maßnahmen war eine Anordnung, denen alle Deutschen Folge zu leisten hatten. Die Polen wollten, dass die Deutschen auf den ersten Blick zu erkennen waren. Aus diesem Grund ordneten sie an, dass jeder im Ort lebende Deutsche eine weiße Armbinde zu tragen hatte. Sobald man das Haus verließ, musste man sich so kennzeichnen.

Arthur empfand diese Maßnahme zuerst als entwürdigend, doch bald sah er darin auch Vorteile. So konnte auch er sofort erkennen, wenn er auf der Straße Deutsche traf. Noch gab es zwar weitaus mehr Deutsche als Polen im Ort, aber die meisten deutschen Einwohner trauten sich aus Angst vor Überfällen nur selten hinaus. Immer wieder kam es vor, dass die polnische Miliz einen Deutschen von der Straße wegholte, weil sie ihn für irgendeine Arbeit brauchten. Dabei wurde nicht danach gefragt, ob der Betreffende auf dem Weg zur Arbeitsstelle oder nach Hause war oder am Sonntagmorgen den Gottesdienst besuchen wollte. Wer sich weigerte, wurde eingesperrt. Um den Milizen aus dem Weg zu gehen, nahm Arthur wie die meisten anderen für den Weg zur Kirche große Umwege in Kauf.

Noch bevor der Herbst einzog, wurde in vielen Geschäften, Bäckereien und Metzgereien wieder der Betrieb aufgenommen. Doch nun waren es meistens polnische Geschäftsleute, die in den Läden standen. Sie waren im Zuge der Zwangsumsiedlungen wie viele ihrer Landsleute nach Niederschlesien gekommen und hatten die Geschäfte zu ihrem Besitz erklärt. Gelegentlich durfte der bisherige deutsche Ladenbesitzer aber noch als Gehilfe tätig sein. So konnte es zu der grotesken Situation kommen, dass ein deutscher Kaufmann, Bäckermeister oder Metzger nun in seinem bislang eigenen Geschäft einem polnischen Vorgesetzten diente. Doch schon bald wurden die größeren Betriebe Zug um Zug verstaatlicht, und schließlich blieben auch die kleinen Läden nicht davor verschont. Dabei bediente sich der Staat eines ausgeklügelten Systems. Um die privaten Geschäftsleute zum Aufgeben zu zwingen, ohne dabei jedoch Gewalt anzuwenden, wurden ihre Läden dermaßen hoch besteuert, dass der kleine Kaufmann nicht mehr imstande war, seinen Laden zu halten, und ihn früher oder später aufgeben musste. Es konnte aber auch vorkommen, dass er ihn auf behördliche Anordnung hin einfach schließen musste. So verschwanden die meisten der kleinen Läden nach und nach, und der Handel ging allmählich in die Hände des polnischen Staates über. Dieses Vorgehen brachte viele polnische Händler in Not, und sie klagten den Deutschen gegenüber oft ihr Leid. Die Deutschen wiederum durften mit ihren weißen Binden um den Arm nur noch in den großen Konsumläden einkaufen. Doch das konnten auch nur diejenigen, die noch Arbeit hatten, denn nur Angestellte erhielten Lebensmittelkarten, die durch den Betrieb ausgehändigt wurden. Wer dann mit der Lebensmittelkarte in der Hand zum Laden ging, musste sich in die lange Schlange deutscher und polnischer Menschen einreihen. Nicht selten wurden die mit weißen Armbinden gekennzeichneten Deutschen zuletzt bedient.

Allmählich legte sich das größte Chaos, und die Löhne und Gehälter wurden wieder regelmäßig bezahlt. Arthur und Johanna gewöhnten sich daran, in Złotys zu rechnen und zu bezahlen. Sie waren froh, nach jahrelanger Entbehrung nun wieder die nötigsten Lebensmittel wie Brot und Fett sowie gelegentlich etwas Obst und Gemüse oder Fleisch kaufen zu können.

Es war ein herrliches Gefühl, wieder in einen Laden gehen zu können und einzukaufen, wenn auch zunächst etwas ungewöhnlich. Arthur erinnerte sich später lebhaft an diese ersten Eindrücke und Erlebnisse:

> *Es war deutlich zu sehen, dass der polnische Kaufmannsstand in jeder Weise hinter dem deutschen zurückstand. Das zeigte schon die Dekoration der Schaufenster. Was lag da nicht alles wie Kraut und Rüben durch- und nebeneinander! Zucker, Käse, Butter, Heringe, Kraut, und wer weiß was noch alles! Das große Kunterbunt der Lebensmittel sollte die Käufer anreizen und locken und tat es auch. Was scherte man sich darum, dass der Schmutz sich auf den im Laden ausgestellten Nahrungsmitteln ansammelte! War doch jeder froh, dass er sich nach den Hungerjahren im und nach dem Krieg wieder satt essen konnte. Was fragte man da nach Reinlichkeit und Hygiene? Was fragte man nach den Preisen? Es wurde gekauft, so weit die Złotys reichten.*

Wie Kraut und Rüben sahen die Geschäfte auch nach Ladenschluss aus. Die neuen Ladeninhaber versahen die Schaufenster und Ladentüren mit Gittern oder vernagelten sie sogar mit Brettern. Oft nahmen sie die

Brettervorschläge auch tagsüber nicht von den Schaufenstern ab. Immer wieder kam es vor, dass Schaufenster zertrümmert, Ladentüren aufgebrochen und die Geschäfte ausgeräumt wurden. Nicht selten stand ein Ladenbesitzer morgens vor zersplitterten Fensterscheiben und musste feststellen, dass die Regale wie leer gefegt waren. Die Täter waren Polen, die ihre eigenen Landsleute bestahlen. Doch nicht nur nachts, auch tagsüber häuften sich die Überfälle.

Eines Tages beobachtete Arthur während seiner Mittagspause, wie ein Lastwagen vor das Geschäft in der Nähe seines Wohnhauses fuhr und drei Männer in den Laden gingen. Später erfuhr er, dass sie zuerst die Verkäuferin geknebelt, dann die Kasse leer geräumt und schließlich ihren Lastwagen mit Lebensmitteln beladen hatten, um dann auf Nimmerwiedersehen zu verschwinden.

Solche Vorkommnisse waren den Deutschen in Waldenburg bisher fremd gewesen. Sie kannten es nicht, Schaufenster zu vergittern und zu vernageln. Die Tatsache, dass derartige Schutzmaßnahmen der Kaufleute nötig waren, belustigte die deutschen Einwohner zuerst, doch das Lachen verging ihnen bald. Denn es dauerte nicht lange und dieselben Räuberbanden drangen nachts auch in Wohnungen ein und raubten diese aus. Die polnische Polizei wurde zwar gerufen, doch sie schien dem Treiben machtlos gegenüberzustehen, vor allem wenn die Opfer Deutsche waren. Arthur musste sogar feststellen, dass die sogenannten Hüter der Ordnung manchmal selbst die Verbrecher waren. Ein Vorfall in der Nachbarschaft von Johanna und Arthur bestätigte dies. Zwei Häuser weiter wohnten ihre langjährigen Bekannten Erich und seine Frau Elsbeth mit ihren vier Kindern in einer kleinen Wohnung. Erst vor Kurzem hatte sich bei ihnen ein junger Pole namens Jarek einquartiert. Die sechsköpfige Familie hatte aber selbst nur zwei Zimmer, eine Küche und ein kleines Bad zur Verfügung. Sie rückten noch enger zusammen, um Jarek ein Zimmer abzutreten. Eines Nachts wachten Elsbeth und Erich auf, weil sie seltsame Geräusche und Stimmen aus dem Nebenzimmer hörten. Ehe sie es sich versahen, wurde ihre Schlafzimmertür aufgerissen und Jarek wurde von einem maskierten Mann hereingestoßen. Erschrocken fuhren nun auch die vier Kinder hoch, die alle im Bett ihrer Eltern geschlafen hatten. Während der maskierte Eindringling mit einem Revolver auf die Familie zielte, brachen zwei weitere Räuber die Schränke auf, räumten deren Inhalte aus und packten alles ein, was einzupacken ging. Währenddessen saß der »mitgefangene« Jarek auf einem Sessel und unterhielt sich in aller Ruhe mit den Einbrechern auf Polnisch. Seltsamerweise schienen diese sich bestens in der Wohnung auszukennen, obwohl sie noch nie zuvor dagewesen waren. Auch wussten sie genau, in welchen Schubladen sich die wertvollsten Gegenstände befanden. Sie fanden sogar auf Anhieb die Sachen, die Elsbeth und Erich extra versteckt hatten.

So musste die ganze Familie hilflos im Bett sitzend dabei zuschauen, wie innerhalb kürzester Zeit ihr Geld, Porzellan, Silberbesteck und viele andere wertvolle Gegenstände in die Hände der Räuber fielen.

Nachdem sie sich am nächsten Tag etwas von ihrem Schreck erholt hatten, kamen Erich und Elsbeth zu Johanna und Arthur und erzählten, was ihnen in der Nacht widerfahren war. Sie waren sich alle vier einig, dass es sich um einen ausgeklügelten Plan gehandelt haben musste und Jarek ganz offensichtlich ein Komplize der drei Banditen war. Wie Arthur später erfuhr, gehörte einer der Einbrecher sogar der Grubenmiliz an, die die polnische Grubenverwaltung zum Schutz der Bergwerke eingesetzt hatte. Diese Miliz war mit deutschen Gewehren ausgerüstet und hatte die Bergwerksanlage Tag und Nacht zu bewachen, Diebstähle und Sabotageakte zu verhindern und überhaupt das nun polnisch gewordene Staatseigentum zu beschützen. Arthur musste schmunzeln, als ein polnischer Mitarbeiter ihm eines Tages hinter vorgehaltener Hand zuraunte: »Leute von Miliz nicht sein serr intelligent. Iberhaupt disse Leute sein nix errlich. Sie wollen nemmen alles, was sie kännen krriggen. Die sein die grässten Hallunken iberhaupt!« Arthur antwortete nichts darauf, doch mit einem augenzwinkernden Lächeln gab er seinem polnischen Kumpel zu verstehen, dass er ihm insgeheim zustimmte. Aber das behielt er wohlweislich für sich, genau wie die soeben geäußerte Meinung seines Mitarbeiters über dessen eigene Landsmänner.

Arthur gerät unter Verdacht

Als die Russen sich endgültig aus dem von ihnen besetzten Verwaltungsgebäude des niederschlesischen Bergwerks zurückzogen, hinterließen sie eine Spur der Verwüstung. Wie die Wilden hackten sie die Büromöbel zu Kleinholz, verbrannten alle Akten und zerschlugen die Fensterscheiben. Daraufhin musste das ganze Gebäude abgesperrt und der Sitz der Grubenverwaltung in ein anderes Gebäude verlegt werden. Dort befand sich im Erdgeschoss auch das Lager der Grube, das Arthur verwaltete. Sein neues Büro lag nun ein Stockwerk darüber. Kurz vor Kriegsende waren in dem Lager noch Restbestände an Arbeitskleidung gewesen, die für die Zwangsarbeiter im Werk bestimmt waren. Arthur hatte die Sachen gerade noch rechtzeitig in einem Ausweichlager unter Tage versteckt, wo die Plünderer nicht danach gesucht hatten. Nebst Arbeitshosen, Schweißkitteln und Hemden hatte er auch zahlreiche Handtücher und Lappen hinuntergeschafft.

Nun beschloss Arthur, alles in das Lager über Tage zurückzuholen. Zuvor hatte er sich mit dem Betriebsrat abgesprochen, und sie hatten miteinander vereinbart, diese Kleidung an die eigenen Bergleute abzugeben. Der Betriebsrat hatte Arthurs Vorhaben einstimmig zugestimmt, denn sie alle wussten, dass die Arbeiter dringend neue Kleidung benötigten.

An einem heißen Donnerstag im August machte Arthur sich mit seinem Kumpel Heinz an die Arbeit. Sie wussten, dass sie Stunden damit verbringen würden, alles in das Lager zu schaffen, denn der Weg war weit. Vom Verwaltungsgebäude gingen sie, jeder einen Handkarren hinter sich herziehend, unter der sengend heißen Sonne über den Hof zum Bergwerk. Bevor sie in den Berg einfuhren, gingen sie zuerst in die Kaue, den Umkleideraum der Bergleute. Dort holten sie sich Schutzhelme und zogen Arbeitskittel an. Anschließend gingen sie in die Lampenstube, wo sie die elektrische Beleuchtung für ihre Helme holten. Nachdem sie das Geleucht an den Grubenhelmen befestigt hatten, waren sie zum Einfahren in die Grube bereit. Sie stiegen in den eisernen Förderkorb, der sie in rasantem Tempo den Schacht hinunterbeförderte. Mit zunehmender Tiefe stieg die Temperatur spürbar an. Auf der sechsten Sohle, in 700 Meter Tiefe, hielt der Förderkorb sachte an, und sie stiegen aus. Dort unten in der Grube war es beinahe genauso heiß wie draußen. Doch anstelle des hellen Sonnenlichts herrschte spärlich beleuchtete Finsternis, und die trockene Luft war von Kohlenstaub erfüllt. Arthur und Heinz warteten, bis ihre Augen sich an die Dunkelheit gewöhnt hatten und der erste Hustenreiz sich gelegt hatte. Sie standen in einem großen Raum, der aussah wie eine Höhle. Arthur ging voraus zu einer Öffnung ganz hinten. Heinz, der zum ersten Mal unter Tage war, staunte nicht schlecht. Vor ihnen erstreckte sich nun ein kilometerlanges Labyrinth aus Gängen in unterschiedlichen Höhen. Arthur wusste genau, welche Strecke sie einschlagen mussten. Zunächst konnten die beiden Männer aufrecht gehen, doch je weiter sie die Strecke entlangliefen, desto niedriger wurde es, bis sie schließlich nur noch in gekrümmter Haltung vorwärtskamen. Auf beiden Seiten des Ganges hockten Hauer, die mit Bohrern tief in den Berg eindrangen, um das Gestein zur Sprengung vorzubereiten. Schließlich kurvte der Gang um einen Stützpfeiler, und sie gelangten an einen in den Felsen gehauenen Nebenraum. Dort lagerte die Arbeitskleidung, die Arthur gut verpackt hatte, um sie vor dem feinen, schmierigen Steinkohlestaub zu schützen. Zusammen mit Heinz packte er ein Bündel Wäsche nach dem anderen in die Karren. Als diese bis zum Rand voll beladen waren, machten sich die beiden Männer auf den langen Weg zurück nach oben ins Tageslicht. Das grelle Sonnenlicht blendete sie zunächst so sehr, dass sie erst einmal mit geschlossenen Augen stehen blieben. Blinzelnd zogen Arthur und Heinz wenige Minuten später mit ihren Karren im Schlepptau über den Hof zum Verwaltungsgebäude und legten die Wäschestücke an Ort und Stelle fein säuberlich in die Schränke und Regale des Lagerraums. Stunden später hatten sie auf diese Weise drei Ladungen Wäsche ans Tageslicht befördert. Die Sonne brannte heiß vom Himmel, an dem sich hier und da kleine Wölkchen bildeten. Als sie zum vierten Mal mit den leeren Handkarren über den Hof liefen, wischte Heinz sich den Schweiß von der Stirn, und mit einem Blick zum Himmel sagte er: »Puh, ist das heiß. Das gibt heute vielleicht noch ein Gewitter. Gut, dass wir mit der nächsten Ladung alles nach oben befördert haben.« Weder er noch Arthur ahnten, dass sich bereits ein Gewitter ganz anderer Art zusammenbraute, und schon bald ein Donnerwetter über sie hereinbrechen würde.

Eine Stunde später standen sie endlich zum vierten und letzten Mal im Förderkorb und fuhren den Schacht nach oben. Sie waren erschöpft, aber froh, wieder ans Tageslicht zu kommen. Während sie sich noch schützend im grellen Sonnenlicht die Hände vor die Augen hielten, fiel plötzlich ein Schatten auf sie. Es war, als ob sich der Himmel auf einmal verdunkelt hätte. Blinzelnd machten sie die Augen auf und erkannten, dass es der Schatten des beleibten Bergwerksdirektors war, der direkt auf sie fiel. Offensichtlich hatte er schon auf sie gewartet. Mit verschränkten Armen und grimmiger Miene sah er Arthur durch seine dicke Hornbrille an. Erst vor Kurzem war er aus dem polnischen Teil Oberschlesiens zugezogen. Bisher hatte Arthur ihn als ruhigen Vorgesetzten kennengelernt, doch nun war er offensichtlich sehr aufgebracht. Eigentlich sprach er gut Deutsch, doch in seiner Aufregung verfiel er in das typische Wasserpolnisch. Ohne Begrüßung und mit hochrotem Kopf brüllte er los: »Habe ich dich also errrwischt! Du gefuhren nach die Tiefe und Kleider verrrstecken! Und jetzt hollen rrauf fir dich! Du mir sein ein schäner Lagerverwalter! Du glauben wohl, du kännen dich bedinnen, wie du wollen! Ich werrde Meldung machen an Betribsrrat, du verrrdienen Straffe!« Der Direktor steigerte sich in sein Schimpfen hinein, bis seine Stimme sich überschlug. Heinz stand wie ein begossener Pudel neben Arthur, der angesichts der völlig grundlosen Anschuldigungen wie vor den Kopf gestoßen war. Den beiden wurde schnell klar, dass die Schimpftirade ganz alleine Arthur galt. Nachdem der Direktor kurz nach Luft geschnappt hatte, tobte er weiter: »Was du wollen iberhaupt mit soviele Kleiderr, du mächten sicherr verrkaufen fir viel Geld! Nix da! Alle Sachen missen kriggen polnische Arrbeiter, bei uns und iberall in Waldenburrg! Und du nix nehmen fir dich!« Arthur, der sich schnell wieder gefasst hatte, stand ruhig da und ließ den aufgebrachten Direktor toben. Als diesem schließlich nichts weiter mehr einfiel und er keuchend und mit Schweißperlen auf der Stirn verstummte, ergriff Arthur das Wort.

Freundlich und in ruhigem Ton erklärte er die Sachlage: »Herr Direktor, die Sachen sind nicht für mich. Es ist richtig, dass ich sie versteckt habe. Doch nicht, um mich später daran zu bereichern, sondern um die Versorgung unserer Arbeiter zu gewährleisten. Der Betriebsrat und ich haben gestern gemeinsam beschlossen, dass ich sie wieder in unser Lager räume, damit sie jederzeit den Arbeitern zur Verfügung stehen, wenn sie etwas brauchen. Und wenn Sie wünschen, dass nur die polnischen Bergarbeiter die Kleider haben sollen, so werde ich mich selbstverständlich danach richten.« Arthur sah direkt in die Augen des Direktors, bei dem sich innerhalb von Sekunden eine erstaunliche Wandlung vollzog. Arthur konnte förmlich dabei zusehen, wie sich die verbitterten Gesichtszüge glätteten. Ein paar Augenblicke sagte er nichts und schien zu überlegen. Es war schon beinahe merkwürdig, wie schnell er sich wieder beruhigte. Und dann meinte er versöhnlich: »Du missen entschuldigen. Ich ja wissen, dass du gutter Mensch sein. Ich iberhaupt noch nix haben Schlechtes gehärrt iber dich! Du weiter brringen Kleider in Lagger. Das sein serr gutte Idee!«

Einige Tage später, als Arthur morgens zur Arbeit ging, sah er, dass das mit Gitterstäben gesicherte Fenster im Erdgeschoss des Verwaltungsgebäudes aufgebrochen war. Jemand hatte die Gitterstäbe zersägt und das Fenster gewaltsam geöffnet. Hinter dem Fenster befand sich der Lagerraum, wo Arthur die Kleider für die Bergarbeiter aufbewahrte. Schnell ging er hinein, um zu sehen, was geschehen war. Das Bild, das sich ihm nun bot, ließ ihn erstarren. Die Schränke und Regale, in denen die Kleider am Tag zuvor noch ordentlich eingeräumt gelegen hatten, waren leer. Die Schranktüren standen offen, die Schubladen waren herausgerissen. Auf dem Fußboden herrschte ein heilloses Durcheinander. Auf den ersten Blick sah Arthur, dass nur noch ein Rest der Sachen, die er mühselig mit Heinz aus der Grube nach oben geschleppt hatte, da war. Das allermeiste war weg. Ein beängstigender Gedanke schoss ihm durch den Kopf: »Jetzt werde ich schon wieder in den Verdacht des Diebstahls kommen. Was wird der Direktor wohl sagen?« Doch ohne länger abzuwarten, ging er zu Helmut, dem Vorsitzenden des Betriebsrates. Helmut und Arthur kannten sich schon seit vielen Jahren, und sie verband ein freundschaftliches Verhältnis. Nachdem er Helmut von dem Vorfall unterrichtet hatte, kamen die beiden überein, auch dem polnischen Direktor sofort Meldung zu machen. Während dieser sich die Verwüstung im Lagerraum ansah, wartete Arthur in seinem Büro auf das nächste Donnerwetter. Doch das blieb aus. Zu Arthurs großer Überraschung kam der Direktor kurze Zeit später lachend in sein Büro und sagte: »Werr das hat gemacht, hat gutte Arrbeit geleistet. Spezialarrbeit!« Arthur war sprachlos. Der Direktor sprach weiter: »Wirr missen nix Meldung der Polizei machen. Alles gutt.« Lächelnd verließ der Direktor das Büro. Als Arthur am Abend nach Hause kam, erzählte er Johanna von dem Vorfall und der äußerst merkwürdigen Reaktion des Direktors. Arthur machte sich selbst seinen Reim daraus: »Das Ganze lässt in mir den Verdacht aufkommen, dass niemand anders als der Direktor selbst oder zumindest seine Kumpane dabei ihre Finger im Spiel hatten.« Seinen Verdacht behielt er für sich, doch er sollte sich schon bald bestätigen. Von Helmut erfuhr er außerdem, dass der Direktor die Entlassung und sogar Verhaftung Arthurs veranlassen wollte. Vermutlich fürchtete er, durch Arthurs aufrichtige Art in Schwierigkeiten zu kommen. Doch das konnte der Betriebsrat vereiteln, und Arthur wusste nur allzu gut, dass er sich besser nicht in die dunklen Geschäfte seines

Chefs einmischte, und erwähnte den Vorfall mit keinem Wort mehr.

Walter will weg

Walters verletzte Hand verheilte auch ohne ärztliche Hilfe langsam wieder. Die zurückbleibende Narbe sollte ihn aber sein Leben lang daran erinnern, wie er sich im Alter von 14 Jahren selbst die Hand durchschossen hatte. Die ganze Familie war froh und dankbar, dass es aufgrund des Kriegsendes drei Tage später keine strafrechtlichen Konsequenzen mehr gegeben hatte. Sehr wahrscheinlich hätte das zuständige Wehrbezirkskommando Walter zur Rechenschaft gezogen oder ihn gar wegen Verdacht auf Selbstverstümmelung auf der Stelle erschießen lassen.

Walter hatte kurz vor seinem Schulabschluss 1945 die Schule verlassen müssen, um der Wehrmacht zu dienen. Inzwischen war an einen Schulabschluss aber erst recht nicht mehr zu denken, denn die polnische Verwaltung verwehrte den deutschen Kindern jegliche Form von Schulbildung.

Im Herbst 1945 begann Walter beim Bergwerk eine Ausbildung zum Grubenschlosser. Die Tatsache, dass er keinen Schulabschluss hatte, spielte zu der Zeit keine Rolle. Zu diesem Berufsbild gehörten vielfältige Aufgaben. Walter lernte, die verschiedenen Maschinen, Geräte und Förderanlagen zu bedienen, zu warten und zu reparieren. Je nachdem, welche Teile defekt waren, musste er diese entweder austauschen oder selbst anfertigen. Auch die Montage von neuen Produktionsanlagen gehörte zu seinem Aufgabengebiet. Dabei arbeitete er sowohl über als auch unter Tage. Außerdem musste er helfen, Stollen und Schächte zu errichten, und lernte, wie die Steinkohle abgebaut und abtransportiert wurde. Walter war fleißig und lernte schnell. Er war geschickt in den handwerklichen Arbeiten und machte sie gerne. Allerdings nur, solange er über Tage bleiben konnte. Mit der Arbeit unter Tage sah es anders aus. Schon das Einfahren mit dem Förderkorb den Schacht tief in den Berg hinunter bereitete ihm große Not. Mit jedem Meter, den es tiefer hinabging, wurde seine Beklemmung größer. Die permanente Hitze war schon unangenehm genug. Dazu kam der schwarze Kohlestaub, der in den Augen brannte, die Nase verstopfte und bis in die Lungen drang und sich wie ein schmieriger Film auf die Haare und jede unbedeckte Hautpartie legte. Am meisten machte ihm aber die Dunkelheit zu schaffen, die selbst große Lampen nicht vertreiben konnten. Gleich zu Beginn seiner Lehrzeit musste Walter wochenlang ins Bergwerk einfahren, sodass er von Montag bis Samstag kaum Tageslicht zu sehen bekam. Sein Arbeitsplatz befand sich in 600 Meter

Tiefe, wo er an einem neuen Stollen mitarbeiten musste. Dort konnte er nicht aufrecht stehen, sondern musste in gebeugter Haltung oder auf Knien rutschend arbeiten. Sein Rücken schmerzte, und es dauerte nicht lange, bis er nachts nicht mehr richtig schlafen konnte. Arthur und Johanna beobachteten mit Sorge, wie ihr lebensfroher Junge immer deprimierter wurde. Sie hätten ihm gerne geholfen, doch wussten sie nicht wie. Auch waren sie froh um jeden Złoty, den Walter mit nach Hause brachte. Mit seinem, wenn auch geringen, Lehrlingsgehalt konnte er seine Eltern finanziell etwas unterstützen. Doch sie wussten alle drei, dass Walter die Arbeitsbedingungen in der Grube nicht mehr lange aushalten würde. An einem Sonntag im Dezember, als die ganze Familie beim Abendbrot zusammensaß, überraschte Walter seine Eltern mit einem Plan:

»Mein Freund Hans und ich haben beschlossen, sobald wie möglich von hier wegzugehen. Wir werden irgendwo ganz neu anfangen. Wenn ich noch länger in die Grube einfahren muss, bringt mich das um.« Den Eltern wurde das Herz schwer, nun auch Walter in die Ungewissheit ziehen zu lassen. Doch sie wussten auch, dass er zugrunde gehen würde, wenn sie ihn nicht fortziehen ließen. Noch lange sprachen sie an jenem Abend darüber, welche Möglichkeiten es für ihn gab. Wie sollte er wegkommen? Wohin sollte er gehen? Wie würde er alleine zurechtkommen? Schließlich sagte Johanna: »Wir werden auch diese Sorge unserem Herrn anvertrauen. Er wird uns zur rechten Zeit den Weg zeigen.«

Das neue Jahr begann so unruhig, wie das alte geendet hatte. Die polnischen Verwaltungsbehörden wiesen immer mehr Deutsche aus dem Land. Eine regelrechte Vertreibungswelle schwappte nun auch über die Einwohner von Waldenburg und Umgebung und spülte viele von ihnen beinahe über Nacht weg. Scharenweise wurden die Deutschen dazu aufgefordert, innerhalb kürzester Zeit ihre Häuser und Wohnungen zu verlassen. Oft blieb nicht einmal genug Zeit, um die nötigsten Papiere oder ein paar wenige Habseligkeiten zusammenzusuchen.

Zu jeder Tages- und Nachtzeit konnte es passieren, dass die polnische Miliz an die Haustür polterte und den Anwohnern befahl, ihre Wohnung umgehend zu räumen. Irgendwelche Vorwarnungen durch die Medien gab es nicht, denn die Deutschen durften schon seit dem letzten Sommer keine Radios mehr haben, auch deutsche Zeitungen waren verboten. Hinter vorgehaltener Hand und im Flüsterton sickerten zwar ab und zu Neuigkeiten durch, doch die groß angelegte Vertreibung überraschte unzählige Menschen oft im Schlaf.

Arthur wurde nach wie vor wegen seiner Erfahrung in der Bergwerksverwaltung der Steinkohlegrube zu Altwasser gebraucht. Wie lange dies noch so bleiben würde, wusste er aber nicht. Vorsichtshalber hatten Johanna und Arthur deshalb einen Handwagen griffbereit im Hausflur stehen. Dort hinein hatten sie die Sachen gepackt, die sie auf keinen Fall zurücklassen wollten. Außerdem hatte Johanna ihre große, dunkelblaue Handtasche aus Leder bis an den Rand gefüllt bereit liegen. In dieser Handtasche befanden sich die Sachen, die ihr am meisten am Herzen lagen: ein ganzer Stapel Feldpost – die Briefe von Günter sowie ihre eigenen Briefe, die sie an ihn geschrieben hatten. Des weiteren Arthurs Gedichte für Johanna, ihre Arbeitszeugnisse, Zeichnungen von Günter sowie Fotos von der Familie.

Arthurs Bruder Fritz und dessen Familie ereilte die Ausweisung schon bald im neuen Jahr. An einem eiskalten Sonntag im März klopfte jemand hastig an Arthurs Haustür. Als er öffnete, stand Fritz atemlos vor ihm und erzählte stockend: »Vorhin war die polnische Miliz bei uns. Wir müssen bis morgen früh um 7 Uhr unsere Wohnung verlassen und sollen uns an der Schule einfinden. Was dann kommt, wissen wir noch nicht. Friedel packt gerade die nötigsten Sachen ein.« Während Fritz noch erzählte, sahen sich Walter und seine Eltern an. Ohne ein Wort zu sagen, wussten sie alle drei, dass sie dasselbe dachten. Dann ergriff Arthur das Wort: »Wenn ihr einverstanden seid, könnte Walter versuchen, mit euch auszureisen.« Johanna fügte hinzu: »Dann wäre der Junge wenigstens nicht ganz ohne Familie, und wir wären beruhigter.«

Somit wurde beschlossen, dass Walter und sein Freund Hans am nächsten Tag versuchen würden, sich dem Strom Vertriebener auf dem Weg zum Bahnhof unauffällig anzuschließen. Ob es gelingen würde, dass die beiden sich mit einschleichen könnten, wusste jedoch keiner von ihnen.

In aller Eile halfen Johanna und Arthur ihrem 15-jährigen Sohn, eine Tasche für seine Reise mit ungewissem Ziel zu packen. Das Herz wurde ihnen dabei schwer, doch sie wussten, dass dies der einzige Weg für Walter war. In jener Nacht taten sie und Walter kaum ein Auge zu. Als die Morgendämmerung einsetzte, war es Zeit zum Abschied. Sie hatten entschieden, dass Walter und sein Freund Hans alleine zur Schule gehen sollten, um keinen Verdacht zu erregen. Arthur hatte Walter genau erklärt, dass die beiden versuchen mussten, eine der Nummern zu ergattern, die die polnische Miliz den Leuten austeilte, bevor sie zur Evakuierung an den Bahnhof gingen. Er hatte von Bekannten gehört, dass jeder Ausgewiesene an der Sammelstelle eine Nummer bekam, die er sich anstecken musste. Jeder so mit einer Nummer versehene Deutsche wurde dann am Bahnhof in Züge verfrachtet. Sobald man im Zug war, wurde nicht mehr nach der Nummer gefragt. Mittlerweile machten sich einige Deutsche beinahe einen Spaß daraus, die Polen an der Nase herumzuführen, indem sie am Bahnhof Nummern einsammelten, die ihre zu evakuierenden Landsleute ihnen bereitwillig in die Hand drückten. Mit diesen Nummern rannten sie zur Sammelstelle zurück, um sie an andere weiterzugeben, die auf eine Ausreise hofften. Arthur wusste, dass es für Walter und Hans gefährlich werden konnte, falls man sie dabei erwischte, doch sie hatten keine andere Chance.

Der Abschied fiel schwer, und weinend lagen sich die Eltern und die Brüder abwechselnd in den Armen. Die Erinnerung an Günters letzten Abschied kam hoch, doch wiederum war es der Sohn, der seine Eltern tröstete: »Gott wird mir schon helfen, macht euch keine Sorgen. Ich schreibe euch, sobald ich kann.« Dann ging er fort. Auf seinem Rücken hatte er einen Rucksack mit etwas Proviant, den ihm Johanna eingepackt hatte. In seiner Hand trug er die gepackte Tasche. Wie rein zufällig gesellte sich Hans nach ein paar Metern zu ihm. Johanna, Arthur, Werner und Reinhard sahen ihnen nach, bis sie hinter dem Hügel verschwunden waren, hinter dem die Schule lag. So mussten Arthur und Johanna nun auch ihren zweiten geliebten Sohn in die Fremde ziehen lassen.

Walter und Hans sahen bereits von Weitem, wie sich ein scheinbar endloser Strom an Vertriebenen von der Schule in Richtung Bahnhof in Bewegung setzte. Sie stellten sich an den Zaun und sahen dem Treiben eine Weile zu. Jeder, der das Schulgelände verließ, hatte eine Nummer angesteckt, genau so, wie Arthur es gesagt hatte. Walter und Hans mussten nicht lange warten, bis ein alter Mann die Straße vom Bahnhof heraufgeeilt kam. Walter lief ihm entgegen, und der Mann fragte ihn: »Willst du eine Nummer haben?« Walter bejahte und bat um eine zweite Nummer für seinen Freund. Der alte Mann kramte in seiner Manteltasche und brachte eine Handvoll Nummern zum Vorschein. Er drückte Walter zwei Nummern in die Hand und sagte: »Lebt wohl, ihr beiden. Möge Gott euch behüten.« Schnell steckten sich Walter und Hans die Nummern an die Jacken und reihten sich in den Strom der Ausgewiesenen ein. Als sie am Bahnhof ankamen, sah Walter einen langen Zug aus Güterwaggons auf dem Gleis stehen. Auf dem Bahnsteig befand sich eine schwarze Traube von Menschen. Vor den Waggons standen bewaffnete polnische Polizisten. Nach einem kurzen Blick auf Walter und Hans winkten die Polizisten die beiden Freunde durch, zum Zeichen, dass sie einsteigen sollten. Dabei sah Walter gerade noch, wie sein Onkel Fritz und seine Tante Friedel mit ihrer Tochter Christa in einen der anderen Güterwagen kletterten. Sie waren nur noch zu dritt, denn ihr Sohn Rudi war, wie Günter, nicht mehr von seinem Einsatz an der Front zurückgekehrt.

Eingepfercht im Güterwaggon, wurden Walter und sein Freund Hans mit unzähligen anderen Menschen wie eine Herde Vieh abtransportiert. Sie wussten nicht, wohin die Reise ging, wie lange sie dauerte und ob sie ihre Familien oder ihre Heimat jemals wiedersehen würden.

Das unsichtbare Haus

Wie Arthur es ausdrückte, schwebte die drohende Ausweisung nicht nur täglich, sondern stündlich wie ein Gespenst über ihnen. Ihre Nachbarn und Bekannten wurden immer weniger, auch Johannas Schwester Gretel wurde kurze Zeit nach Walters Flucht vertrieben, gefolgt von Arthurs Mutter Anna und seiner Halbschwester Frieda. Arthur und Johanna wussten, dass es nur noch eine Frage der Zeit war, bis auch sie Wohnung und Heimat verlassen müssten. Der Gedanke daran war lähmend, ebenso wie das ganze Leben in dieser Situation. Sie waren Fremde in ihrer eigenen Heimat geworden, und die Angst war zu ihrem täglichen Begleiter geworden.

An einem sonnigen Tag im Juni 1946 schien das letzte Stündlein in der Heimat auch für Johanna, Arthur und die 9-jährigen Zwillinge zu schlagen. Reihenweise wurden an jenem Vormittag die noch verbliebenen Deutschen in ihrer Nachbarschaft aus ihren Häusern vertrieben. Manchen blieben 24 Stunden, anderen nur zehn Minuten, bevor sie sich an den Sammelstellen einzufinden hatten. Johanna war mit Werner und Reinhard alleine zu Hause, denn Arthur war wie jeden Morgen zur Arbeit gegangen. Voller Sorge standen die drei hinter der Gardine am Fenster und sahen zu, wie die bewaffneten Männer der polnischen Miliz immer näher kamen. Johanna überlegte fieberhaft, wie sie Arthur zu Hilfe holen könnte, aber es war zu spät. Die Männer standen bereits in der Hofeinfahrt. Nun schien der Rausschmiss nur noch eine Frage von wenigen Minuten zu sein. Und Johanna war mit ihren Jungen ganz alleine. Da tat sie das, was sie ihr Leben lang getan hatte, sowohl in guten als auch in schlechten Zeiten: sie betete. Das Lied »Treuer Wächter Israels« von Johann Heermann war der Familie wohlbekannt. Als die Zwillinge hörten, wie ihre Mutter leise und flehentlich die vertrauten Worte der dritten Strophe sprach, stimmten sie mit ein:

Jesu, der du Jesus heißt, als ein Jesus Hilfe leist!
Hilf mit deiner starken Hand,

Menschenhilf hat sich gewandt.
Eine Mauer um uns bau,
dass dem Feinde davor grau,
er mit Zittern sie anschau.

Während sie so beteten, sahen sie unverwandt aus dem Fenster und warteten darauf, dass die Beamten an die Tür poltern würden. Doch die waren wie angewurzelt mit ihren Gewehren auf dem Hof stehen geblieben. Obwohl sie genau auf das Haus starrten, konnten sie es allem Anschein nach nicht sehen. Johanna beobachtete, wie sie verdutzt auf eine Liste schauten und sich immer wieder suchend nach dem Haus umsahen. Nach einer Weile schüttelten sie ratlos die Köpfe, dann drehten sie sich um und zogen unverrichteter Dinge wieder ab. Als Arthur nichts ahnend in der Mittagspause wie üblich heimkam, erzählte Johanna ihm erschüttert von dem Vorfall. Arthur wurde mit tiefer Dankbarkeit erfüllt, dass Gott sie so wunderbar bewahrt hatte, und sagte zu Johanna: »Unsere Zeit ist noch nicht gekommen. Wir sollen offensichtlich hier noch weitermachen.«

Arthur im Dienst der Laienkirche

Mit schier unermüdlichem Einsatz dienten Johanna und Arthur weiterhin ihrer noch verbliebenen Kirchengemeinde. Bereits während der Kriegsjahre hatte Arthur in Breslau einen Kurs für Laien zur Ausbildung zum Lektor besucht. Dort war er mit anderen Freiwilligen geschult worden, Lesegottesdienste zu halten, um die noch im Dienst stehenden Geistlichen zu entlasten, denen nach wie vor Abendmahlsfeiern, Trauungen, Taufen und Beerdigungen vorbehalten waren.

Der Kirchenchor, den Arthur 1930 gegründet und seitdem ununterbrochen geleitet hatte, sang zum Osterfest am 21. April 1946 in der Kirche von Altwasser zum letzten Mal. Anschließend löste sich der Chor infolge der Ausweisungswelle auf.

Die polnisch-katholische Kirche meldete im Laufe des Jahres 1946 Anspruch auf die evangelische Kirche in Altwasser an und erklärte sie zu ihrem Besitz. Die polnischen Katholiken stellten Beichtstühle und eine Statue des heiligen Antonius in die Kirche und hängten ein großes Heiligenbild in den Altarraum. Außerdem verlangte die polnische Behörde, dass alle deutschsprachigen Bibelsprüche an den Kirchenwänden übertüncht wurden. Das Ölgemälde, das Johannas Vater einst für die Kirche gemalt hatte, wurde abgehängt und schien wie vom Erdboden verschluckt.

Die polnische Geistlichkeit erlaubte den Deutschen, ihre Kirche sonntags zwischen 9.45 Uhr und 11 Uhr zum Gottesdienst zu benutzen. In dem kleinen Ortsteil Ober-Altwasser durften sie um 8 Uhr morgens in ihrem evangelischen Gemeindehaus ebenfalls Gottesdienste abhalten. Die darin liegende Wohnung, in der Arthur und Johanna einst schöne Jahre verbracht hatten, war gleich zu Beginn der polnischen Verwaltung besetzt worden. Der Gottesdienstraum der deutschen Gemeinde war von den Polen zur Schulklasse umfunktioniert worden. Der Saal durfte sonntags unter der Bedingung benutzt werden, dass die Deutschen nach dem Gottesdienst alle Tische und Stühle wieder genau so hinstellten, wie sie sie vorgefunden hatten.

Sonntag für Sonntag wurden mithilfe von vielen freiwilligen Gemeindegliedern die Schulbänke hinausgetragen, 200 Stühle hineingestellt und das als Altartisch dienende Lehrerpult mit Blumen geschmückt. Nach dem Gottesdienst wurden die Stühle herausgetragen, der Raum wurde gefegt und gewischt und die Schulbänke wurden wieder hineingestellt. Die Polen bewilligten den Deutschen genau zwei Stunden, um den Raum zu benutzen. Kein einziges Mal kam es vor, dass diese Zeit überschritten wurde.

Die Predigten wurden den Lektoren der schlesischen Kirchenleitung in Görlitz, jenseits der Oder-Neiße-Linie, zugeschickt. Von dort erhielt Arthur auch den Auftrag, jeden Sonntag in Ober-Altwasser Gottesdienste abzuhalten und die von den noch wenigen verbliebenen Geistlichen in Schlesien ausgearbeiteten Predigten vorzulesen.

Nach dem Gottesdienst in Ober-Altwasser um 8 Uhr morgens ging er direkt in die Kirche von Altwasser, um auch dort den Gottesdienst zu leiten. Das Verhältnis der polnischen und deutschen Christen beruhte zwar auf gegenseitigem Respekt, jedoch lag es im Ermessen des polnischen Priesters, ob die deutschen Christen tatsächlich Gottesdienste abhalten durften oder nicht. Außerdem musste jeder Gottesdienst auch von der polnischen Verwaltung genehmigt werden, denn jegliche Versammlung von mehr als drei Deutschen galt bereits als verdächtig. Aus diesem Grund saßen sonntags regelmäßig als gewöhnliche Bürger getarnte Spitzel der polnischen Miliz in den Kirchenbänken. So wurden die Deutschen ständig misstrauisch beobachtet. Arthur wusste, dass jede unvorsichtige Äußerung zur Festnahme führen konnte. Deshalb ließ er die ihm übersandten Predigten vor jedem Gottesdienst von dem polnischen Pastor lesen, um sicherzugehen, dass er seinen Segen dazu hatte.

Arthurs Tätigkeit als Lektor wurde durch seinen Hauptberuf aber immer wieder behindert. Im Juli 1946 hatte ihm die polnische Bergwerksverwaltung schließlich seine Arbeitsstelle gekündigt, die er seit seinem 15. Lebensjahr innegehabt hatte. In einer Zündkohlefabrik, die sich ebenfalls auf dem Bergwerksgelände befand, hatte er eine neue Anstellung als Arbeiter gefunden. Dort wurde ein Teil der geförderten Kohle direkt zu Briketts weiterverarbeitet. Arthur hatte im Wechsel Früh-, Mittags- und Nachtschicht, sowohl unter der Woche als auch an den Wochenenden.

Als der bisherige Lektor in dem neun Kilometer entfernten Dittmannsdorf[19] Sprechverbot erhielt, übernahm Arthur zusätzlich zu seinem eigenen Lektorendienst in Altwasser nun auch dort alle 14 Tage den Dienst. Den Weg dorthin legte er zu Fuß zurück, denn die Straßenbahn durften die Deutschen nicht benutzen, und ihre Fahrräder waren beschlagnahmt worden. Ein Sonntag für Arthur sah nun in der Regel so aus: Frühmorgens gegen 7 Uhr kam er von der Nachtschicht nach Hause, zog seinen Anzug an und ging nach Ober-Altwasser, wo er im Gemeindehaus ab 8 Uhr die Predigt las und die Orgel spielte. Anschließend tat er dasselbe in der Kirche in Altwasser. Nach dem Mittagessen machte er sich dann auf den weiten Weg nach Dittmannsdorf oder auch gelegentlich in eine andere Gemeinde, um sein kirchliches

Amt ein drittes Mal auszuüben. Um 22 Uhr begann seine nächste Nachtschicht bei der Zündkohlefabrik. Johanna, Werner und Reinhard unterstützen ihn, wo sie nur konnten. Reinhard vertrat seinen Vater oft an der Orgel, um ihn zu entlasten.

Viele Pfarrstellen in Waldenburg und Umgebung waren inzwischen unbesetzt. Der alte Pastor Mündel war bereits 1939 gestorben, die nachfolgenden Pfarrer waren nach ihrem Stellungsbefehl von der Front nicht mehr zurückgekehrt.

Der letzte Pfarrer, der die evangelische Gemeinde in Altwasser geleitet hatte, wurde im Juni 1946 evakuiert. Man hatte ihm zwei Stunden Zeit gegeben, um seine Wohnung zu verlassen. Auch fast alle anderen deutschen Geistlichen in der Umgebung wurden im Laufe des Jahres ausgewiesen. Somit wurden immer mehr Laien gebraucht, die als Lektoren fungierten.

Nachdem bis Ende 1946 auch die letzten deutschen evangelischen und katholischen Geistlichen des Kreises ausgewiesen worden waren, wusste Arthur nicht, was aus den Gemeinden werden sollte, und er fragte sich: »Wer soll nun Beerdigungen, Taufen, Trauungen und Abendmahlsfeiern halten? Wer soll Trost und Hilfe spenden in einer Zeit, in der jedem Deutschen das Leben so schwer wie möglich gemacht wird, und in der die Sehnsucht nach Trost aus der Bibel und der Predigt immer stärker wird?«

Die gesamte Gestaltung der sonntäglichen Gottesdienste oblag mittlerweile den Lektoren; auch übernahmen sie nun notgedrungen alle anderen kirchlichen Dienste.

Sehr am Herzen lag ihnen, die Kinder mit der Bibel und dem deutschen christlichen Liedgut vertraut zu machen. Deshalb waren sie darauf bedacht, jeden Sonntag Kindergottesdienst abzuhalten.

Unermüdlich bereitete Arthur außerdem Andachten für das Altenheim, für die Frauenhilfe oder für Taufen und Beerdigungen vor. Dass Beerdigungen von der polnischen Geheimpolizei beobachtet wurden, störte im Laufe der Zeit niemanden mehr. Enttäuscht war Arthur jedoch jedes Mal, wenn ein frisches Grab kurz nach der Beerdigung schon wieder geplündert worden war.

Kein Tag verging, an dem Arthur nach seiner täglichen Arbeit in der Fabrik nicht noch etwas für den Dienst in der Laienkirche tat. Die Beerdigungen wurden so gelegt, dass er Zeit hatte, diese auszuführen; je nach Schicht war dies vor- oder nachmittags unter der Woche oder auch sonntags nach der Kirche. Obwohl Arthur oft an seine körperlichen Grenzen stieß, verspürte er in dieser Zeit eine tiefe Freude. Den Grund dieser Freude konnte ihm kein Mensch nehmen. Sie gab ihm und seinen Mitchristen eine Kraft, die nach menschlichem

Ermessen nicht zu begreifen war. Doch Arthur wusste genau, woher sie kam, und schrieb später:

»Alle Missstände konnten uns doch die Freude am Dienst nicht nehmen. Und diese Freude wurde erhöht durch die Bereitwilligkeit aller am Werk Mittätigen. Uns Lektoren ging es nicht um das Persönliche, sondern vielmehr um die Sache, das heißt, den evangelischen Deutschen die Kirche zu erhalten. Wir sahen unseren Dienst als Auftrag Gottes an. Wenn wir nicht gewusst hätten, dass er uns dazu Kraft und Freude, Schutz und Hilfe schenken würde – wir hätten es nicht ausüben können. Und deshalb hatte ich auch keinen Grund, freiwillig die Heimat und damit die Arbeit aufzugeben. Der Glaube an Jesus Christus, an die helfende Hand unseres Gottes, ließ mich den Dienst tun. Ich denke heute noch dankbar an die Zeit zurück. Ich durfte in all den Nöten und Schwierigkeiten erfahren: »Seine Kraft ist in den Schwachen mächtig.«

Gott ist nicht ferne in der Not

Arthur beobachtete in seiner Tätigkeit als Lektor ein interessantes Phänomen. Trotz der immer noch laufenden Evakuierungen wurden die Gottesdienstbesuche nicht schwächer. Im Gegenteil, manch einer kam nun, um Gottes Wort zu hören, der sich früher nicht dafür interessiert hatte. Arthur sah einige, die früher nur gehässige Bemerkungen über die Kirche gemacht hatten, doch jetzt kamen auch sie gerne zu den Gottesdiensten und sogen die Trost spendenden Worte der Predigten auf wie ein trockener Schwamm. Der Hunger nach geistlicher Speise war mindestens ebenso groß wie der Hunger nach fester Nahrung. Der Inhalt der Predigten ging den Menschen direkt ins Herz. Arthur beschrieb diese Zeit so:

> *Ich möchte betonen, dass der Inhalt der Predigten sich sehr eindrücklich mit der Not befasste und immer wieder darauf hinwies, dass Gott, der Herr, nicht ferne ist, sondern sich gerade dem suchenden und gläubigen Menschen als Helfer in aller Not offenbart. Und das Herz des Menschen ist ja nie aufgeschlossener für Gottes Wort als gerade dann, wenn sich der Mensch in äußerer und innerer Not befindet. Darum wurde die notvolle Zeit für viele eine segensreiche. Sie führte auf den Weg zurück, den wir in den Jahren, als es uns gut ging, verlassen hatten. Gott zeigte uns sehr eindringlich und deutlich, wie einfach wir unser Leben gestalten müssen, wie unser Besitztum, unsere Habe,*

unser Sorgen und unser Raffen irdischer Güter unsinnig ist. Und es hat mancher die Wahrheit der Liedstrophe empfunden: »Was sind dieses Lebens Güter? Eine Hand voller Sand, Kummer der Gemüter.« Diese Erkenntnis brachte manchen zum Glauben zurück.

Im Laufe des Jahres 1946 stiegen die Besucherzahlen der Gottesdienste um das Dreifache, und das, obwohl immer mehr Deutsche vertrieben wurden. Schließlich waren gegen Ende des Jahres von den 9 000 evangelischen Gemeindemitgliedern beinahe 8 000 evakuiert. Umso erstaunlicher war es, dass zu dem Gottesdienst an Heiligabend nahezu 1 000 Menschen kamen.

Gleichermaßen wuchs die Bereitwilligkeit der Gemeindeglieder, sich gegenseitig zu helfen, beinahe ins Grenzenlose. Wie nie zuvor spendeten sie Geld, um die Menschen aus ihrer Gemeinde zu unterstützen, die alles verloren hatten. Selbst diejenigen, die früher über zu entrichtende Kirchensteuer geschimpft hatten, gaben jetzt gerne von ihrem Geld etwas ab. Vor allem waren es alte Leute, die nun von dem lebten, was die Sammlungen der Deutschen einbrachten. Jeder half jedem, alle packten mit an, wo Hilfe nötig war.

Noch etwas nahm Arthur mit Erstaunen wahr: Obwohl nun keine Pfarrer mehr vor Ort waren, musste kein einziger Gottesdienst ausfallen. Es grenzte beinahe an ein Wunder, dass jeden Sonntag ein Lektor zur Verfügung stand, obwohl jeder der Lektoren zuerst seinem Beruf nachgehen musste und häufig auch sonntags in den Dienst gerufen wurde. Die Menschen nahmen oft weite Wege auf sich und ließen sich von Wind und Wetter nicht davon abhalten, gemeinsam Gottesdienst zu feiern. Trost und Stärkung fanden die Gemeindeglieder neben den Predigten in den altbekannten Kirchenliedern und Chorälen.

Oft dachte Arthur später dankbar an die Zeit seiner Lektorentätigkeit zurück:

> *In allen Bedrängnissen und Ängsten, in allen Nöten und Schwierigkeiten spürte ich immer wieder die helfende Hand dessen, der mir in meinem Konfirmationsspruch gesagt hat: Ich will dich unterweisen und dir den Weg zeigen, den du gehen sollst; ich will dich mit meinen Augen leiten. Und die Erkenntnis seiner Unterweisung und Leitung führt zur Dankbarkeit.*

Nachrichten von Walter

Arthur und Johanna mussten lange auf Nachricht von Walter warten. Das erste Lebenszeichen von ihm kam in Form einer Postkarte aus Leer in Ostfriesland. Nach wochenlanger Reise mit Aufenthalten in mehreren Zwischenlagern hatte es ihn schließlich mit seinem Freund Hans sowie Onkel Fritz, Tante Friedel und Christa dorthin verschlagen. Von Walter erfuhren Arthur und Johanna außerdem, dass Arthurs Schwester Frieda erst vor Kurzem ebenfalls zu ihnen nach Leer gezogen war. Frieda war nach der Vertreibung mit ihrer Mutter in Leipzig gelandet, wo Anna wenig später jedoch gestorben war.

Nachdem Johanna und Arthur nun eine Adresse von ihm hatten, schrieben sie fleißig Briefe an ihn. Walters nächste Briefe erreichte die Familie im Laufe des Jahres 1947. Mittlerweile war er nach Dortmund umgezogen, der Patenstadt des Waldenburger Berglandes. Dort fand er eine Anstellung bei den Kohlebergwerken, dieses Mal jedoch bei den Tagesanlagen, was bedeutete, dass er nicht in die Zeche einfahren musste, um unter Tage zu arbeiten.

Wie abgeschnitten von der Welt

Für die noch verbliebenen Deutschen in Waldenburg wurde das Leben nicht einfacher. Ende Dezember 1948 wurde der deutsche Gottesdienst im Gemeindehaus von Ober-Altwasser verboten. Am zweiten Weihnachtsfeiertag hielt Arthur den letzten Gottesdienst in dem Gemeindesaal, wo sich die deutsche evangelische Gemeinde seit Jahr und Tag versammelt hatte. Ein letztes Mal dirigierte er zu diesem Anlass auch den Kinderchor, den er mit einigen noch verbliebenen Kindern extra zusammengestellt hatte.

Im Sommer 1949 wurde der Kindergottesdienst der deutschen Kirchengemeinde verboten. Somit wurde auch diese Art Unterricht der Deutschen abgeschafft, nachdem die Kinder bereits seit Januar 1945 keine Schule mehr besuchen durften. Nur der Konfirmandenunterricht war noch möglich.

Die Deutschen, die jetzt noch in ihrer Heimat lebten, saßen sozusagen nun alle im selben Boot. Jegliche Klassenunterschiede waren verschwunden. Das deutsche Beamtentum gab es nicht mehr. Wer früher ein Beamter oder ein höher gestellter Mitarbeiter eines Unternehmens war, ging nun wie alle anderen als einfacher Arbeiter zur Grube oder in eine Fabrik, um den nötigen Lebensunterhalt zu verdienen. Alle standen unter demselben Druck, keiner war vor Verhaftung, Enteignung oder Vertreibung gefeit. Die deutsche Kultur, die früher geblüht hatte, war ausgelöscht. Das große Symphonieorchester von Waldenburg hatte sich bereits während der Kriegsjahre aufgelöst. Für die Deutschen gab es nun weder Theater noch Konzerte, weder Kinos noch

Zeitung, Radio oder sonst eine deutschsprachige Unterhaltung. Alle deutschen Bücher wurden beschlagnahmt. Die Menschen waren wie abgeschnitten von der Welt, lebten wie Fremde in der eigenen Heimat.

Umso eifriger kamen die Leute, wenn Arthur einen kleinen Kirchenchor zusammenstellte und gemeinsam mit einem Instrumentalkreis ein kleines Konzert veranstaltete. Das Wort »Konzert« durfte dabei jedoch nicht erwähnt werden, denn es hätte auf deutsche Kulturarbeit hingedeutet und wäre bereits im Vorhinein verboten worden. Arthur konnte dies vermeiden, indem er stattdessen den Namen »musikalische Feierstunde« wählte. Außerdem stellte er über diese Veranstaltungen jeweils ein Psalmwort und las zwischen den Musikstücken immer wieder Bibeltexte vor. Auf diese Weise bekamen die Feierstunden den Charakter eines Gottesdienstes, dienten aber zugleich der Erhaltung der deutschen Kultur, wenn auch getarnt.

Das Programm enthielt geistliches Liedgut wie Lieder aus dem Gesangbuch und geistliche Volkslieder, aber auch vierstimmige Bachchoräle und Motetten. Zu Arthurs Kummer hatten die Polen einen großen Teil der vorhandenen Noten als Altpapier verkauft. Arthur behalf sich, indem er ganze musikalische Sätze aus dem Gedächtnis aufschrieb oder neue Stücke selbst komponierte.

Johanna ist beschwipst

An einem Spätsommertag des Jahres 1949 sah Johanna von ihrem Küchenfenster aus, dass sich draußen im Hof einige Polen herumtrieben. Sie spielten scheinbar belanglos mit Holzstöckchen, blickten dabei jedoch immer wieder auf die große Wiese hinterm Haus und zeigten auf die Apfelbäume. Die Äpfel waren so gut wie reif, sie konnten in wenigen Tagen gepflückt werden. Johanna vermutete, dass die Polen sich die Äpfel holen wollten. Sie wartete ab, bis die jungen Männer wieder fort waren, dann sagte sie zu Werner und Reinhard: »Wir gehen schnell auf die Wiese und pflücken die Äpfel. Bis Vatel heute Abend heimkommt, haben wir sie alle im Keller.« Gesagt, getan. Mit Körben und Eimern bewaffnet, machten die drei sich an die Arbeit. Die Bäume waren übervoll mit den beinahe reifen Äpfeln. Gemeinsam füllten sie die Gefäße und brachten sie in den Keller. Schon am nächsten Tag bestätigte sich Johannas Vermutung, und die Polen kamen wieder. Dieses Mal hatten sie Eimer mitgebracht. Von der Küche aus beobachtete Johanna, wie die jungen Männer ganz selbstverständlich über die Wiese zu den Apfelbäumen liefen. Doch als sie näher kamen, stutzten sie. Erst jetzt bemerkten sie, dass kein einziger Apfel mehr an den Bäumen hing. Mit pochendem Herzen wartete Johanna ab, was als Nächstes passieren würde. Sie wusste, dass es für sie nun gefährlich werden könnte. Die Polen standen wild gestikulierend und heftig diskutierend unter den Apfelbäumen und warfen immer wieder böse Blicke zum Wohnhaus der Familie Seidel. Als Johanna sah, dass sie mit ihren leeren Eimern in den Händen über die Wiese gelaufen kamen, versteckte sie sich mit ihren Jungen auf dem Dachboden und rechnete damit, dass nun gleich jemand an die Haustür poltern würde. Doch nichts geschah. Erleichtert stellte sie schließlich fest, dass die Polen einfach wieder gegangen waren. Am Abend erzählte Johanna Arthur von dem Vorfall, und beide grinsten darüber, dass sie den Räubern zuvorgekommen waren. Da fiel Johanna plötzlich etwas ein: »Du, Arthur, wir haben doch noch unseren Nusslikör im Garten vergraben, hinten am Hühnerstall! Den sollten wir uns holen, bevor vielleicht schon bald alles in die Hände der Polen fällt. Bevor die den guten Tropfen kriegen, trinken wir ihn lieber selbst!«

Sie zögerten nicht lange und gingen in den Garten zu der Stelle, wo sie vor dem Einzug der Russen die Likörflasche vergraben hatten. Der Blumenkübel stand noch genauso dort, wie sie ihn hingestellt hatten. Arthur grub das Loch wieder auf und holte die Holzkiste mit der gut verpackten Flasche heraus. Sie war zwar schmutzig, aber unbeschädigt. Danach schaufelte Arthur das Loch wieder zu und stellte den Kübel auf die kahle Stelle zurück. In der Küche öffnete Arthur die Flasche und goss zum Probieren etwas Likör in ein Glas. Johanna kostete zuerst und rief erstaunt aus: »Der Likör schmeckt noch ganz ausgezeichnet! Den sollten wir nicht verkommen lassen!« Sie schenkte Arthur ebenfalls ein Glas ein, und die beiden stießen auf ihren wieder ausgegrabenen Schatz an. Sie freuten sich über diese unverhoffte Köstlichkeit, die jahrelang unter der Erde geruht hatte, ohne an Geschmack eingebüßt zu haben. Ein Gläschen des Nusslikörs war aber genug für Arthur, die Wirkung des Alkohols machte sich bereits bei ihm bemerkbar. Umso erstaunter war er, als er sah, dass seine Frau sich großzügig nachschenkte. Und es dauerte nicht lange, bis Johanna, die sonst überhaupt keinen Alkohol trank, beschwipst war. Mit jedem Schluck wurde sie lustiger, bis sie schließlich aus vollem Halse zu singen begann. Mit lockerer Zunge erzählte sie außerdem von ihrer Kindheit und welche Streiche sie mit ihren Geschwistern ausgeheckt hatte. Dabei lachte sie selbst am lautesten. Werner und Reinhard, die die ungewöhnliche Heiterkeit ihrer Mutter zunächst mit Argwohn beobachtet hatten, stimmten in ihr Lachen mit ein. Noch nie hatten sie ihre Mutter so lustig erlebt. Auch Arthur lachte mit. Als Johanna schließlich den letzten Tropfen in ihr Glas gekippt hatte, begann sie zu jodeln. Weder Arthur noch die Zwillinge noch sie selbst hatten gewusst, dass sie dies überhaupt konnte, und kringelten sich vor Lachen. Arthur liefen dabei die Tränen herunter, und die Zwillinge tanzten ausgelassen vor Freude.

Kurz darauf wurde es plötzlich still. Doch nur für kurze Zeit. Johanna war auf dem Sofa eingeschlafen und begann, laut zu schnarchen. Arthur deckte zuerst seine Frau zu, dann räumte er vorsorglich die leere Likörflasche weg. Dies war das erste und letzte Mal in ihrem Leben, dass Johanna beschwipst war.

Noch lange danach dachten sie alle vier an diesen unverhofft fröhlichen Moment, der für kurze Zeit ihr Leben erhellt hatte und sie alles Schwere um sich herum hatte vergessen lassen. Diese Minuten der unbeschwerten Heiterkeit sorgten auf Jahre hinaus immer wieder für Vergnügen und waren wie Balsam für ihre Seelen.

Von Schlesien in den Schwarzwald

Am 2. April 1950 feierten Werner und Reinhard in der voll besetzten Kirche in Waldenburg ihre Konfirmation. Aus dem ganzen Umkreis hatten sich die noch verbliebenen Deutschen zu diesem Festgottesdienst versammelt; sogar der einzige noch in Niederschlesien verbliebene deutsche Pastor Stöckel war extra angereist. Aus irgendwelchen unerklärlichen Gründen war er nicht wie die anderen Geistlichen vertrieben worden. Es schien, als habe man ihn während der Evakuierungen übersehen und schließlich ganz vergessen.

Pastor Stöckel war in dem 70 Kilometer entfernten Liegnitz beheimatet, doch nun war er als reisender Pfarrer unterwegs, um möglichst viele Gemeinden zu besuchen und zu stärken.

Arthur war es gelungen, für den Konfirmationsgottesdienst noch einmal einen Chor zusammenzustellen. Wochenlang vorher hatten sie sich abwechselnd bei verschiedenen Familien zum Proben getroffen. Der Chor sang die Motette *Der Herr ist mein Hirte* von Johann

August Homilius sowie die Kirchenkantate *Meinen Jesum lass ich nicht* von Johann Sebastian Bach. Niemand ahnte an jenem Sonntag, dass diese Lieder nicht nur der Gemeinde und den Konfirmanden galten, sondern für Johanna, Arthur und die Zwillinge zu ganz persönlichen Abschiedsliedern wurden.

Drei Tage später, am 5. April 1950, erhielten sie ihre Ausweisung. Sie hatten 24 Stunden Zeit, bevor sie sich am Abend des 6. April am Bahnhof in Waldenburg einfinden mussten.

An jenem Donnerstag machten sie sich mit dem vollgepackten Handwagen, ein paar Gepäckstücken sowie Johannas dunkelblauer Handtasche auf den Weg zum Bahnhof. Sowohl Johanna und Arthur als auch Werner und Reinhard trugen, was sie nur konnten.

Der Tag war gekommen, an dem sie für immer ihre Heimat verlassen mussten. Sie wussten weder, wohin die Reise ging, noch, wie ihr Leben nun weitergehen würde.

Viele ihrer langjährigen Nachbarn und Bekannten, die noch da waren, hatten sich zum Abschied am Bahnhof eingefunden. Frau Amsel drückte Johanna eine eilig geschriebene Karte in die Hand. Wortlos umarmten sich die Familien, die seit Jahr und Tag gute Nachbarn und Freunde gewesen waren. Sprechen konnten sie in ihrem Abschiedsschmerz kaum. Doch die Worte auf der Karte und das Lied von Gustav Knak gaben Johanna und

Arthur in den darauf folgenden Wochen und Monaten immer wieder Kraft und Trost:

Liebe Seidels!
Zum Abschied grüßen wir euch mit diesem Gedicht:

Zieht in Frieden Eure Pfade.
Mit Euch des großen Gottes Gnade
und seiner heilgen Engel Wacht!
Wenn Euch Jesu Hände schirmen,
geht's unter Sonnenschein und Stürmen
getrost und froh bei Tag und Nacht.
Lebt wohl! Lebt wohl im Herrn!
Er sei Euch nimmer fern
spät und frühe.
Vergesst uns nicht in seinem Licht
und wenn Ihr sucht sein Angesicht.

Herzlichst grüßen Euch

Eure Nachbarn Amsel

Max, ein langjähriger Mitarbeiter der Kirchengemeinde und treues Chormitglied, hatte mangels Papier die erste Seite aus seiner Bibel herausgerissen, auf der ein großes Kreuz gedruckt war. Darunter hatte er geschrieben: *Gott tut große Dinge, er gibt dem Müden Kraft und Stärke. Zur*

Silberhochzeit am 5. Mai 1950 mittags 12.00–12.05 Uhr werden die Mittagsglocken aus der Heimat läuten. Gottes reichsten Segen wünscht Max.

Dankbar schüttelte Arthur seinem Freund Max die Hand zum Abschied, dann war es Zeit, einzusteigen. Während die Familie Seidel in den Zug mit unbekanntem Ziel stieg, machte sich ein Zug anderer Art auf den Weg zur Kirche. Alle diejenigen, die sich zur Verabschiedung am Bahnhof versammelt hatten, gingen nun gemeinsam in die Kirche, um für Arthur, Johanna, Werner und Reinhard zu beten. Und als der Zug sich langsam in Bewegung setzte, um sie mit unzähligen anderen Menschen aus ihrer Heimat abzutransportieren, konnten sie die altvertrauten Glocken läuten hören und wussten, dass in diesem Moment viele Menschen sie auf ihrer Fahrt ins Ungewisse im Gebet begleiteten.

Von Waldenburg fuhren Arthur, Johanna, Werner und Reinhard mit dem langen Güterzug nach Breslau. Dort befand sich ein Sammellager für Vertriebene aus ganz Schlesien. Eine Woche später ging es weiter nach Heiligenstadt, von wo sie nach mehreren Tagen Aufenthalt in das Auffanglager Friedland transportiert wurden. Während sie dort tagelang in eiskalten Wellblechbaracken darauf harrten, was als Nächstes kommen würde, hatten sie die Gelegenheit, Walter anzurufen. Aufgeregt standen sie alle drei um Arthur herum, als er den Hörer in der Hand hielt und darauf wartete, dass die Vermittlung ihn mit Walter verbinden würde. Die Aufregung und Freude war groß, als sie sich nach mehr als vier Jahren endlich wieder hören konnten. Gleich am nächsten Tag machte Walter sich mit dem Zug auf den Weg nach Friedland, um seine Eltern und die beiden Brüder zu treffen. Die Familie durfte das Lager nicht verlassen, doch Walter wurde im Rahmen der Familienzusammenführung gestattet, einen Tag zu Besuch zu kommen. Die Wiedersehensfreude war unbeschreiblich groß, und die Stunden vergingen wie im Fluge. Als sie sich am Abend wieder verabschieden mussten, sagte Arthur: »Sobald wir wissen, wo es hingeht, sagen wir dir Bescheid, damit du zu uns kommen kannst und wir endlich wieder zusammen sein können.«

Einige Tage später erfuhren sie schließlich, dass sie weiter gen Süden reisen würden. Doch noch immer wussten sie nicht, wo ihre Reise enden würde. Von Friedland aus ging es in das Sammellager von Biberach, bis man sie mehrere Tage später in das fünfte und letzte Lager nach Balingen schickte, wo sie in einem ehemaligen KZ untergebracht wurden. Dort erfuhren sie, dass sie einem kleinen Dorf im Schwarzwald zugewiesen wurden. Fünf Tage später ging es noch einmal mit dem Zug weiter. Da das ihnen zugeteilte Dorf keinen Bahnhof hatte, mussten sie in der nächstgrößeren Stadt aussteigen. Die letzte Strecke legten sie in einem Milchwagen zurück, der sie am Bahnhof abholte. Am 6. Mai, genau einen Monat nachdem sie Waldenburg verlassen hatten, war ihre Odyssee schließlich zu Ende, und sie waren in dem fremden kleinen Dorf im Schwarzwald angekommen.

Der Neubeginn

Der Fahrer des Milchwagens fuhr die lange Hauptstraße durch das ganze Dorf entlang bis zum Rathaus kurz vor dem Ortsausgang. Nachdem er dort angehalten hatte, wandte er sich an Arthur, der neben ihm auf dem Beifahrersitz saß: »Do semmer. Des isch Ihr neie Unterkunft, gucket Se, do oba!« Er zeigte zum zweiten Stock des Rathauses direkt unter dem Dach. Dann stieg er aus und sagte: »Jetzt helf i Ihne no gschwind, 's Gepäck ablada, dann muss i weiterfahre.« Arthur, Johanna und die Zwillinge packten alle mit an, um ihre Habseligkeiten aus dem Milchwagen zu holen. Als alles ausgeladen war, setzte der Fahrer sich wieder ans Lenkrad. Bevor er weiterfuhr, rief er ihnen zu: »Machet S'es guat! D'r Schultes kommt glei!« Dann war er fort.

Verloren standen die vier mit ihrem Gepäck vor dem Rathaus und warteten auf den angekündigten Bürgermeister. Einige Zeit später kam ein Bauer mit seinem Traktor angefahren. Arthur raunte Johanna zu: »Das ist bestimmt der Bürgermeister.« Johanna starrte ungläubig auf den Mann in blauer Latzhose, kariertem Flanellhemd und Gummistiefeln, der jetzt auf sie zukam.

»Du willst mich wohl veräppeln?«, war alles, was sie herausbrachte, denn schon stand der Bauer vor ihnen. Wie sich herausstellte, war er in seiner Nebenfunktion tatsächlich der Ortsbürgermeister. Er begrüßte die Familie mit einem schwungvollen »Grüß Gott!«. Nachdem sie sich kurz vorgestellt hatten, meinte er: »Kommet Se mit, i zeig Ihne jetzt Ihr neie Wohnung.« Er lief zur Rückseite des Gebäudes, wo eine Außentreppe in das erste Stockwerk hinaufführte. Er zeigte nach oben: »Do misset Se nuff ganga, mir hen dia Trepp extra do usse ahbracht, sonscht tappet Se mer womehglich no durch mei Amtsschtub!« Auf diese Weise umgingen sie das Erdgeschoss, in dem sich die Büros der Gemeindeverwaltung befanden. Vom ersten Stock aus ging es dann innen weiter über eine Treppe ins Dachgeschoss, das in mehrere Räume unterteilt war.

Der Familie Seidel wurden zwei kleine Zimmer zur Verfügung gestellt, die durch einen Flur voneinander getrennt waren. In dem größeren der beiden Zimmer hatte sich die Gemeindebücherei befunden. Um der Flüchtlingsfamilie Platz zu bieten, hatte man die Regale und Bücher ausgeräumt und stattdessen vier alte Betten hineingestellt. Die Matratzen waren ebenfalls alt und gebraucht und voller Wanzen. Das schräg gegenüberliegende Zimmer musste als Küche und Wohnzimmer gleichzeitig dienen. Suchend sah sich Johanna nach einem Herd um. Stattdessen entdeckte sie an der Wand einen verrosteten, gusseisernen Kanonenofen aus der Vorkriegszeit. Er sah aus wie ein Rohr mit dickem Bauch auf drei Füßen, im Bauch ein kleines Türchen. Oben schloss das Rohr mit einer waagerechten, runden Fläche ab. Doch eine richtige Herdplatte war es nicht, denn zum Kochen war der Ofen eigentlich nicht gemacht. Wehmütig dachte Johanna an ihren schönen Kohleofen aus Emaille mit drei Herdplatten, den sie zu Hause gehabt hatte. Von nun an musste sie zum Kochen mit einem Topf vorliebnehmen, denn mehr Platz bot die Fläche auf dem Kanonenofen nicht. Ansonsten war das winzige Zimmer spärlich eingerichtet. Unter der Dachschräge stand ein alter Holztisch mit vier Stühlen, an der gegenüberliegenden Wand hatte man ein Regal aus der ehemaligen Bücherei aufgestellt und mit etwas Geschirr versehen. Ein Bad gab es nicht, und die Toilette befand sich einen Stock tiefer. Johanna, Arthur und die Zwillinge, die zu Hause schon lange ein Spülklosett gehabt hatten, stellten erschrocken fest, dass sie von nun an mit einem Plumpsklo auskommen mussten. Außer ihnen waren noch zwei Familien aus Ostpommern im Rathaus untergebracht, und so mussten sich insgesamt neun Personen das eine Plumpsklo teilen. Klopapier wurde von der Gemeinde nicht zur Verfügung gestellt, dafür mussten sie selbst sorgen. Jedes Mal, wenn sie vom Dachgeschoss einen Stock tiefer gingen, um die Toilette aufzusuchen, schlug ihnen starker Stallgeruch entgegen, denn im Erdgeschoss direkt darunter befand sich ein Kuhstall. Dort standen die Zuchtbullen zur Deckung der Kühe im Dorf. Zwischen dem Kuhstall und der Amtsstube des Bürgermeisters war eine große Garage im Rathaus eingebaut, wo das einzige Feuerwehrauto des Dorfes untergestellt war.

Arthur wurde erklärt, dass er als Zugezogener zu den Nicht-Aktivbürgern des Dorfes gehöre, die Einheimischen waren sogenannte Aktivbürger. Als Nicht-Aktivbürger musste er für die Holzscheite zum Beheizen des Kanonenofens einen höheren Preis zahlen als die Aktivbürger.

Der Unterschied zwischen ihrem evangelischen Heimatort und dem fremden katholischen Dorf war wie Tag und Nacht. Die meisten der Einwohner waren über die Grenze ihres Ortes noch nicht hinausgekommen und hatten keine Ahnung davon, wie es außerhalb ihres Dorfes aussah. Misstrauisch wurde die neue Familie von den Dorfbewohnern wie Exoten beäugt. Kaum einer war da, um sie freundlich zu begrüßen, niemand erkundigte sich nach ihrem Schicksal oder bot ihnen Hilfe an. Die Einheimischen ließen sie spüren, dass sie nicht willkommen waren. Keiner machte sich die Mühe, in verständlichem Hochdeutsch mit ihnen zu reden, und das breite Schwäbisch war für die Schlesier anfänglich kaum zu verstehen.

Arthur hätte sich gerne wieder in einer evangelischen Kirche mit eingebracht. Da die einzige Kirche in dem Dorf katholisch war, wandte er sich an die nächstgelegene evangelische Gemeinde drei Dörfer weiter und bat um ein Gespräch mit dem dortigen Pfarrer.

Nachdem Arthur sein Anliegen vorgebracht hatte, erteilte ihm der Geistliche jedoch eine Abfuhr. Höflich, aber bestimmt gab er Arthur zu verstehen, dass auch in seiner Gemeinde Fremde unerwünscht waren. Beim Verabschieden gab er Arthur zwischen Tür und Angel noch einen Rat mit auf den Weg: »Wissen Sie was? Machen Sie sich doch Ihr eigenes Dorf zu Ihrem neuen Zuhause.«

Heimweh

So wurde es der heimatvertriebenen Familie nicht leicht gemacht, sich in ihrem neuen Wohnort einzuleben.

Arthur und Johanna waren einerseits erleichtert, nun nicht mehr Tag und Nacht der Angst und Unterdrückung ausgesetzt zu sein, wie sie es jahrelang in ihrer Heimat erlebt hatten. Andererseits waren sie nun Fremde in der Fremde, fühlten sich entwurzelt wie ausgerissene Pflanzen, die am falschen Standort waren und um die sich niemand kümmerte. Nun hatten sie nur noch sich selbst. Alles, was ihnen lieb und vertraut gewesen war, gehörte der Vergangenheit an. Die Menschen, die so sprachen, dachten und fühlten wie sie und mit denen sie jahrzehntelang gut befreundet waren, waren nun ebenfalls in alle Lande zerstreut. Doch ihr festes Vertrauen darauf, dass ihr Vater im Himmel ihnen auch in der Fremde nahe war, half ihnen jeden Tag aufs Neue, nicht den Mut zu verlieren. Außerdem fanden sie Zuflucht in den altvertrauten Kirchenliedern, die für sie wie ein Stück Heimat waren. Die Melodien und Texte waren wie Freunde, die sie schon seit ihrer Kindheit begleiteten. Oft sangen sie diese Lieder gemeinsam, so wie sie es auch in der Heimat getan hatten.

Ihre Freude war groß, als Walter sich kurze Zeit später wieder zu ihnen gesellte und in ihr Dachstübchen mit einzog. Nach vier Jahren Trennung waren sie endlich wieder mit ihm vereint. Nicht lange nach Walters Einzug gab es eine weitere Freude. Ganz unerwartet erhielten sie eines Tages Post aus der alten Heimat. Es war eine Postkarte, unterschrieben von zwanzig ihnen gut bekannten Frauen:

> *Unseren lieben unvergesslichen Seidels wünscht Gottes reichsten Segen zur Silberhochzeit die evangelische Frauenhilfe aus der Heemte. Gleichzeitig gratulieren wir der lieben Frau Seidel zum 50. Geburtstage und wünschen Gesundheit und alles Gute, vor allem ein frohes Wiedersehen mit Walter und Günter.*

Ununterbrochen nagte die Ungewissheit an ihnen, was aus Günter geworden war. Schon lange hatten sie den Suchdienst des Roten Kreuzes eingeschaltet und noch immer hofften sie auf ein Lebenszeichen von ihm. Doch er blieb spurlos verschwunden, sodass ein Mitarbeiter des Roten Kreuzes Arthur eines Tages vorschlug, Günter für tot erklären zu lassen. Doch das brachten Arthur und Johanna nicht übers Herz.

Arthur, Johanna, Walter, Werner und Reinhard waren zwar dankbar, wieder in Freiheit und ohne Unterdrückung zu leben, doch sie vermissten ihre Heimat sehr. Ihr Heimweh war unbeschreiblich groß, und wenn sie von »daheim« sprachen, wussten sie alle fünf, was gemeint war. Arthur drückte seinen Schmerz über die verlorene Heimat in einem Gedicht aus, das er im Oktober 1950 schrieb:

Mich zieht's mit tausend Banden der Heimat zu.
Ich find im fremden Lande nicht Rast noch Ruh.
Wohl strahlt in Wies und Feldern
der Blumen Pracht,
es sind die dunklen Wälder still wie die Nacht.
Es ziehn die Silbersterne die stille Bahn.
Es kündet hell die Sonne den Tag froh an.
Weit drüben grüßt der Berge blassblau Gewand,
und klare Bächlein fließen durchs schöne Land.
Und wenn auch all das Schöne das Aug erblickt,
es stillt doch nicht das Sehnen, das mich bedrückt.
Mich ziehen tausend Bande der Heimat zu.
Ich find im fremden Lande nicht Rast noch Ruh.

Das Leben geht weiter

Im Laufe der Zeit gelang es der Familie jedoch, vor allem über die Musik auch Anschluss im Dorf zu finden. Der katholische Pfarrer wurde aufmerksam auf die freundliche Familie, die sich in ihrer bescheidenen Art in die Gegebenheiten der Dorfgemeinschaft einfügte. Er lud sie ein, auch in der Kirche zu musizieren. Gerne nahmen Arthur, Johanna und ihre drei Söhne die Einladung an. Dies war der Beginn einer langjährigen, aktiven musikalischen Mitarbeit, sowohl mit Instrumenten als auch im Kirchenchor. Schon im Jahr darauf heiratete Walter eine Frau aus dem Dorf und beschloss, sich da mit ihr niederzulassen. Sie bauten ein kleines Haus und gründeten ihre eigene Familie. Walter blieb der Kirche bis zu seinem Lebensende treu, spielte die Orgel und leitete den Kirchenchor.

Die Zwillinge schafften es, innerhalb eines Jahres in der Dorf-Volksschule die versäumten Schuljahre nachzuholen und schließlich beinahe altersgemäß die Schule mit Auszeichnung abzuschließen.

Arthur, der durch die jahrelange schwere Arbeit bei den Polen unter Herzproblemen litt, wurde vom Arzt zu 70 % arbeitsunfähig erklärt. Erschwerend hinzu kam sein Alter. Nachdem er sich immer wieder vergeblich um eine neue Anstellung bemüht hatte, stellte er schließlich einen Antrag auf Rente als Heimatvertriebener. Doch bis er die Rente erhielt, vergingen Jahre. Zunächst wurde sein Antrag zum Rathaus der nächstgrößeren Stadt geschickt. Der zuständige Beamte leitete ihn dann weiter nach München zur süddeutschen Knappschaft. Von München wurden die Unterlagen nach Berlin gesandt. Irgendwann schickte die dortige Behörde den Antrag zur Prüfung nach Waldenburg zur Bergbaubehörde. Nachdem diese die Richtigkeit der Papiere bestätigt hatte, kamen sie auf demselben Weg zurück. Bis schließlich alles geklärt und bewilligt war, waren vier Jahre vergangen.

Arthur verbrachte viel Zeit damit, sich das Erlebte von der Seele zu schreiben und alte Bekannte wiederzufinden. Er abonnierte den *Waldenburger Heimatboten*, eine Zeitung für Heimatvertriebene, die in der Stadt Norden in Norddeutschland verlegt wurde. Das Motto dieser Zeitung lautete: »Der Waldenburger Heimatbote ist das Bindeglied aller Heimatfreunde des Waldenburger Berglands«. Außerdem bezog Arthur vierteljährlich das Kirchenblatt der evangelischen Heimatvertriebenen, *Schlesischer Gottesfreund*.

Während Walter sich mit seiner Frau und mittlerweile vier Kindern im Dorf wohlfühlte, zogen Arthur und Johanna mit Werner und Reinhard neun Jahre nach ihrem Neubeginn noch einmal weiter in ein nahegelegenes Städtchen, wo es eine große evangelische Kirche gab. Dieser Umzug war für sie wie eine Erlösung. Sie zogen in eine geräumige, helle Wohnung und fanden über die Musik schnell Anschluss in der Kirchengemeinde. Kurze Zeit später spielten sowohl Arthur als auch Reinhard sonntags in den beiden kleinen Kirchen der eingemeindeten Ortsteile auf der Orgel, und Arthur leitete den Kirchenchor. Johanna unterstützte den Chor tatkräftig mit ihrer hellen, klaren Sopranstimme. Werner und Reinhard brachten sich mit Geige und Bratsche ein. Arthur konnte stundenweise im Kirchenbüro arbeiten und so seine Rente etwas aufbessern.

Sie fühlten sich wohl, doch in der Weihnachtszeit wurde wie alle Jahre wieder auch dort das Heimweh groß. Sie schwelgten in Erinnerungen an die Weihnachtsfeste, die sie zu Hause gefeiert hatten, als sie noch alle beisammen waren. In einem Gedicht fasste Arthur zu Weihnachten 1959 seine Gedanken in schlesische Worte:

Weihnachta

Jitz sein se wieder do, die Weihnachtstage,
die ins erfreun, die ins beglückn sulln,
die ins vu oller Loast, vu ollter Ploage,
und wenn's blos Stunda sein, frei macha wulln.
Do denkt ma oa die Tage wull zurücke,
wie's doch derheeme amol bei ins woar,
do mir beisomma woarn. – Woar doas a Glücke!
Und seit dar Zeit verging su monches Joahr.
Jitz sein mer hier, jitz sein mer do geburga,
jitz braucha mer ju keene Angst mehr hoan,
jitz braucha mer ins freilich nimme surgar,
doaß ins de Andern aus'm Hause goan.
Doch sein mer o getrennt und kinn nee heute
zusammasein – doas Eene bleit bestiehn,
und doas ies heut noch inse Weihnachtsfreude:
Is Weihnachta derheeme woar doch schien!

Anfang der Sechzigerjahre bauten sowohl Werner als auch Reinhard mit der tatkräftigen Unterstützung ihres Bruders Walter jeder sein eigenes Heim. Werner richtete in seinem Haus eine gemütliche Dachwohnung für seine Eltern ein. Als Johanna und Arthur im Alter von 64 Jahren dort einzogen, notierte Arthur seine Vermutung in sein Tagebuch: *Werner gibt uns in seinem Haus, wie ich glaube, die letzte irdische Wohnung.*

Ein ungelöstes Rätsel

Zum ersten Mal seit der Geburt von Günter im Jahr 1927 wohnten Arthur und Johanna nun wieder zu zweit in einer Wohnung, wenn auch unter einem Dach mit Werner.

Abends, wenn alles still wurde und Johanna bereits zu Bett gegangen war, saß Arthur oft noch lange auf seinem Sofa im Wohnzimmer. Manchmal schaltete er den Fernseher an oder las ein Buch, doch mit zunehmendem Alter ließ er immer öfter die Stationen seines Lebens in Gedanken noch einmal an sich vorüberziehen.

Dann war er wieder der kleine Junge, der in die gütigen Augen seiner Großmutter und seiner Mutter blickte, die ihn beide für sein ganzes Leben geprägt hatten. Sie waren es gewesen, die dem kleinen Arthur mit ihrer Liebe und ihrem Gottvertrauen die Wurzeln gaben, die ihn durch alle Stürme hindurch stark gemacht hatten.

Er saß wieder in der Stube seines Großvaters, spielte Zither und spürte noch einmal die Freude, die er von klein auf an der Musik gehabt hatte. Er fand sich in der düsteren Wohnung des Stiefvaters wieder, dessen Feindseligkeit ihm das Leben schwer gemacht hatte. Sein unerfüllter Wunsch, Lehrer zu werden, enttäuschte ihn aufs Neue. Doch dann trat Johanna in sein Leben, in die er sich auf den ersten Blick verliebt hatte. Bei dem Gedanken daran, wie er sie im Pfarrhaus zum ersten Mal gesehen hatte, lächelte er still vor sich hin.

Oft nahm er den Stift zur Hand und hielt seine Erinnerungen an beinahe acht Jahrzehnte auf Papier fest. Viele Szenen hatte er dabei noch lebhaft vor Augen. Während er so sein Leben vor seinem geistigen Auge vorbeiziehen ließ, sinnierte er gleichzeitig noch über etwas ganz anderes:

Wenn man am späten Abend allein ist, dann wird die Erinnerung an das Vergangene wieder wach. Schon das Datum im Kalender löst Gedanken aus, wenn auch Jahrzehnte zwischen jenen Erlebnissen und heute liegen. Mir ist schon oft der Gedanke gekommen: Habe ich mein Leben richtig gelebt? Habe ich das erfüllen und tun können, was mir als Mensch als Lebensaufgabe ge-

stellt worden ist? Mein Wunsch, Lehrer zu werden, erfüllte sich nicht. Aber der Wunsch, eigene Kinder zu erziehen, wurde mir doch erfüllt. Das ist das Glück meines Lebens.

Doch gerade auf dieses Glück war ein Schatten gefallen, der nicht mehr gewichen war. Während Arthur viele Fragen, die ihn als jungen Menschen bewegt hatten, nun rückblickend beantworten konnte, blieb *eine* große Frage unbeantwortet:

Ich bin stolz und glücklich, dass meiner Frau und mir in unserer Ehe vier Söhne geschenkt wurden, die wir zu Menschen erzogen, die ihren Mann in dieser verworrenen Welt stellen können. Dass uns einer dieser vier prächtigen Menschen genommen wurde und wir nicht wissen, wo, wie, wann und warum wir unseren Ältesten, das Geburtstagsgeschenk meiner Frau für mich, hingeben mussten, ist das Rätsel, an dem Muttel und ich noch heute herumsinnen und -grübeln. Wir werden dieses Rätsel nie lösen können. Diese nicht zu beantwortende Frage ist der »Pfahl in unserem Fleisch«. Wenn ich das Bild unseres Jungen sehe, muss ich mich abwenden. Mir kommen die Tränen. Und andererseits steigt der Zorn hoch, dass gerade dieser Junge sein junges Leben voller Hoffnung, voller Liebe zu uns hingeben musste für eine unnütze, vollkommen überflüssige Sache, für einen Krieg, der nichts als Elend und Not brachte. Es ist kein Trost, wenn wir daran erinnert werden, dass andere Eltern zwei, drei oder vier Söhne opfern mussten. Es ist kein Trost, wenn uns gesagt wird, dass wir ja noch drei Söhne haben. Unser Junge bleibt unser Junge. Und diesen Verlust kann niemand ersetzen. Dass wir uns damit abfinden müssen, ist leicht gesagt. Und wir müssen es doch tun.

Der Verlust ihres geliebten Sohnes Günter ließ Arthur und Johanna ihr Leben lang nicht los. Jahrelang hatten sie in der Hoffnung gelebt, dass er in russische Gefangenschaft geraten sein könnte und eines Tages wieder auftauchen würde. Diese Hoffnung war jedoch im Laufe der Zeit der Vermutung gewichen, dass er an der Front gefallen war.

Immer wieder fragten sich Johanna und Arthur, was Günter wohl in seinen letzten Tagen und Stunden erlebt hatte: Kam er schon gleich nach seinem Einsatz an der Front ums Leben? War er sofort tot oder musste er lange leiden? War er alleine oder kümmerte sich jemand um ihn in seinen letzten Stunden? – Obwohl niemand ihre Fragen beantworten konnte, fanden sie dennoch Trost in der Gewissheit, dass ihr Junge selbst in den dunkelsten Stunden seines Lebens ein unauslöschbares

Licht in seinem Herzen leuchten hatte. Es war das Licht ihrer absoluten, grenzenlosen Liebe füreinander sowie das tiefe Gottvertrauen, das sie miteinander verbunden hatte. Johanna und Arthur hegten keinen Zweifel daran, dass Günter bis zum Schluss in dieser Geborgenheit eingebettet war.

So eng wie meine Haut

Am 11. Januar 1980 feierte Arthur im Kreise seiner Familie mit inzwischen acht Enkeln seinen 80. Geburtstag. Anlässlich dieses Jubiläums zog er seine persönliche Bilanz:

> *Ich sitze nun am Ende einer Arbeitsperiode, die für mich Leben bedeutet, das heißt 80 Jahre. Und ich freue mich, diese Zeit mit Arbeit durchgestanden zu haben. Und nach 29 200 erlebten Tagen meines Daseins könnte jeder Tag der letzte sein. Man muss doch sagen, dass so viel Tage erlebt zu haben, ein Geschenk ist von dem, der letzten Endes Anfang und Ende eines Menschen in seiner Hand hat.*

In den darauffolgenden Wochen nahm er noch öfter als zuvor sein Tagebuch zur Hand, um seine Erinnerungen aufzuschreiben. Doch am 17. März geschah etwas, was ihn dazu veranlasste, seinen Blick nicht mehr zurück, sondern nach vorne zu richten. An jenem Montag notierte Arthur in sein Tagebuch:

Ich möchte hier diese Biografie von mir unterbrechen, um auf das heutige Geschehen und Erleben zu kommen. Und damit geht es mir nicht mehr um den Eintritt in diese Welt, sondern um den Austritt aus dem Schauspiel »Leben«. Und das Schauspiel »Leben« zeigt mir wohl jetzt den letzten Akt. Vielleicht ziehen sich die letzten Szenen noch etwas hin. Aber in der heutigen Stimmung meine ich, an die Schluss-Szene gekommen zu sein.

Ich merkte heute Schmerzen in der linken Brustseite. Das könnten Anzeichen eines Herzinfarktes sein. Nun habe ich laut ärztlichem Attest schon einen sogenannten stummen Infarkt hinter mir. Das bedeutet für mich: Obacht. Und diese Einsicht ist so depressiv, dass sie mir tagsüber keine Ruhe lässt. Es ist die Angst, dass ich ins Krankenhaus müsste, um abzuwarten, ob eine Heilung einträte.

Dabei war es nicht die Angst um sich selbst, die Arthur nun Tag und Nacht keine Ruhe mehr ließ: *Meine Gedanken drehen sich um unsere Muttel, die ich, wenn das*

Schlimmste einträte, verlassen müsste, sollte sich der fiktive Infarkt als perfekt ausweisen.

Als Arthur sich im Alter von 22 Jahren schon einmal mit seinem Sterben beschäftigt hatte, hatte er hauptsächlich an sich selbst gedacht, weil er dann seine geliebte Johanna nicht länger gehabt hätte. Im Gegensatz dazu dachte er nun nicht mehr an sich selbst, sondern nur noch daran, was nach seinem Tod aus seiner Frau werden würde:

> *Meine einzige Sorge, wenn ich an mein Ableben denke, ist die: Was wird aus unserem Muttel, wenn ich vor ihr gehen müsste! Unser Muttel ist mir der liebste Mensch von allen Menschen, die ich kenne. Sie gehört zu mir, sie ist der Kern meines Lebens. Unser Muttel gehört zu meinem Dasein so eng wie meine Haut. Ja, so eng, so nahe weiß ich mich mit ihr verbunden. Und wir sagen voneinander: Wenn du nicht bist, kann ich auch nicht sein. Und das, nachdem wir beinahe 55 Jahre unseres Lebens gemeinsam getragen haben.*
>
> *Zwei Dinge sind mir klar und beruhigen mich. Muttel ist materiell versorgt. Ihre Rente reicht gut für ihren Lebensunterhalt. Unsere Jungen wären ihr Stütze und Hilfe. Aber wer wäre da, mit dem sie sich aussprechen könnte? Wer könnte ihr in ihrer Sorge um die Ihrigen Rat und Hilfe geben? Unsere Muttel ist ein Mensch, der*

Anlehnung braucht, der nicht von und in Einsamkeit leben kann. Ihre Atmosphäre ist die Luft der Familie. In ihr nur lebt sie, und in ihr geht sie auf ohne Rücksicht auf das eigene Leben. Sie ist für alle anderen in der Familie da, am wenigsten für sich selbst. Sie kann sich verzehren im Dienste für ihre Lieben. Und alles Reden, auch an sich zu denken, ist zwecklos. Wie könnte man einen so kostbaren Mensch alleine lassen? Ich weiß doch, dass unsere Muttel ohne mich nicht ganz, aber doch ziemlich hilflos stände, wenn ich nicht mehr da wäre. Sie kann mir ihre Gedanken und Sorgen anvertrauen und sich mit mir aussprechen. Und was möchte ich nicht alles tun, um ihrem arbeits- und sorgenvollen Leben noch diese oder jene Freude zu verschaffen!

Ich weiß, dass mit meinem Nichtmehrdasein auch ihr die Freude am Leben überhaupt genommen sein würde. Sie wüsste wohl, dass ihre drei Jungen mit rührender Sorge ihr beistehen würden, aber der Kern ihres Lebens würde mit meinem Tode absterben. Sie würde wohl leben, aber nur vegetieren. Ich habe, weil ich mich mit ihr so ganz verbunden weiß, weil wir zwei quasi eins sind, des Öfteren zu ihr gesagt: Ich wünsche uns, dass du vor mir gingst.

Dieser Wunsch wurde Arthur nicht erfüllt. Der Tagebucheintrag vom 17. März sollte sein letzter sein. Seine

Vermutung, den letzten Akt seines Lebens erreicht zu haben, bestätigte sich vier Monate später. Am 3. Juli kam er mit akuten Herzbeschwerden und Atemnot ins Krankenhaus, wo sechs Tage später für ihn der Vorhang für immer fiel. Leise trat er am 9. Juli 1980 von der Bühne des Lebens ab. Zum letzten Mal wechselte er seine Wohnstätte, um zu dem zu gehen, der ihn durch sein ganzes Leben geleitet hatte.

Arthur, der ohne seinen Vater aufgewachsen war, der nie die Liebe seines leiblichen Vaters kennengelernt hatte, hatte sich sein Leben lang von seinem Vater im Himmel leiten lassen. Den Verlust seiner irdischen Heimat in Schlesien hatte er nie wirklich verschmerzt, und die neue Heimat war ihm nie wirklich zur Heimat geworden. Doch nun hatte er diese Erde mit all ihren Schattenseiten verlassen, um das wunderbare Licht der Ewigkeit zu schauen. Er war in der ewigen Heimat angekommen, wo es keine Finsternis und kein Leid gibt, sondern nur noch Liebe und Licht. Danach hatte sich sein Herz sein ganzes Leben lang gesehnt. Jetzt hatte seine Seele Ruhe. Oft hatte er das Kirchenlied von Benjamin Schmolck gesungen, dessen Worte ihn jedes Mal mit Vorfreude erfüllt hatten:

Tut mir auf die schöne Pforte,
führt in Gottes Haus mich ein;
ach wie wird an diesem Orte
meine Seele fröhlich sein!
Hier ist Gottes Angesicht,
hier ist lauter Trost und Licht.

Wer kommt denn da?

Es kam genau so, wie Arthur es vorausgesehen hatte. Mit seinem Tod starb auch in Johanna ein Teil ihres Lebens ab. Werner und Reinhard sahen zwar täglich nach ihr, und auch ihre Enkelkinder kamen sie oft besuchen, doch in Gedanken war sie bei Arthur. Stundenlang saß sie auf dem Sofa und las in seinen Tagebüchern. Die Gedichte, die er im Laufe der Jahre für sie geschrieben hatte, verwahrte sie sorgfältig mit den anderen ihr wichtigen Briefen und sonstigen kostbaren Kleinigkeiten in ihrer dunkelblauen Handtasche. Die Feldpost von Günter sowie Fotos aus längst vergangener Zeit waren für sie wertvoller als Gold und Edelsteine. Wenn sie ganz alleine war, holte sie die Tasche aus ihrem Schlafzimmer und nahm sich ein paar der Gedichte oder Briefe heraus, um sie erneut zu lesen.

Ganz besonders lag ihr das Gedicht am Herzen, das Arthur ihr anlässlich ihrer goldenen Hochzeit 1975 geschrieben hatte. Sie kannte es auswendig, so oft hatte sie es schon gelesen:

Längst ist jener Tag entschwunden,
der das Du und ich verband,
als zu unserm Ehebunde
einst sich Herz zum Herzen fand.
Was gelobt wir am Altare,
was unser Leitspruch immer blieb,
was uns trug durch alle Jahre,
war nur das:
Ich hab dich lieb!
Dieses Wort, es war uns beiden
in den Jahren harter Not
und auch in den frohen Zeiten
immer wie ein Gottgebot.
Was gemeinsam wir ersonnen,
was gemeinsam wir geplant,
was gemeinsam wir begonnen,
was für uns als Ziel erstand
war dies eine: nur den andern
durch sein eignes Tun erfreun,
in des Lebens langem Wandern
Helfer ihm und Stütze sein.

Was wir beide auch erlebten,
sei's in Sorge und in Leid
oder wenn in Angst wir bebten
in der unruhvollen Zeit:
Eins gab doch dem andern wieder
helfend, tröstend Kraft und Mut
aus der Liebe, die in beiden in
der tiefsten Seele ruht.
Liebe war's, die uns verbunden,
Liebe war's, die uns gelenkt.
Liebe sei in allen Stunden,
die uns Gott der Herr noch schenkt.

Dein Arthur

Johanna hatte nur noch den einen Wunsch, ihrem Mann so bald wie möglich zu folgen. Knapp zwei Jahre später sollte ihr dieser letzte Wunsch erfüllt werden. Am Abend des 10. März 1982 schaute Reinhard wie jeden Tag auf dem Weg von der Arbeit nach Hause bei ihr vorbei. Wie immer saß er neben ihr auf dem Sofa. An jenem Mittwoch hatte Johanna Post von einer alten Freundin erhalten, und sie las Reinhard den Brief vor.

Doch während sie noch vorlas, hielt sie plötzlich inne und sah vom Brief auf. Mit klaren Augen blickte sie aufmerksam zur Wohnzimmertür, die dem Sofa gegenüber war. Dann streckte sie auf einmal beide Arme weit aus und rief: »Wer kommt denn da?!« Gleich darauf sackte sie zusammen. Der herbeigerufene Notarzt ließ sie ins Krankenhaus bringen, wo sie noch in derselben Nacht verstarb, ohne noch einmal das Bewusstsein erlangt zu haben.

Wen hatte sie wohl gesehen? War es Arthur, der gekommen war, um sie abzuholen? Oder der Heiland selbst? Johanna konnte es niemandem mehr sagen. Doch wer auch immer ihr da im Wohnzimmer entgegengekommen war, Johanna hatte ihn mit offenen Armen empfangen.

Anmerkungen

[1] Weißstein ist heute polnisch Biały Kamień.
[2] Waldenburg ist heute polnisch Wałbrzych.
[3] Neu-Weißstein gehörte zu Weißstein und ist heute polnisch Biały Kamień.
[4] Altwasser, ein Stadtteil von Waldenburg, ist heute polnisch Stary Zdrój, ein Stadtteil von Wałbrzych.
[5] Bad Salzbrunn ist heute polnisch Szczawno-Zdrój.
[6] Liebenau ist heute polnisch Gostycyn.
[7] Danzig ist heute polnisch Gdańsk.
[8] Zoppot ist heute polnisch Sopot.
[9] Gotenhafen ist heute polnisch Gdynia.
[10] Rheda ist heute polnisch Reda.
[11] Neustadt ist heute polnisch Wejherowo.
[12] Bunzlau ist heute polnisch Bolesławiec.
[13] Breslau ist heute polnisch Wrocław.
[14] Liegnitz ist heute polnisch Legnica.
[15] Brieg ist heute polnisch Brzeg.
[16] Striegau ist heute polnisch Strzegom.
[17] Hermsdorf ist heute polnisch Sobięcin.
[18] Freiburg ist heute polnisch Świebodzice.
[19] Dittmannsdorf ist heute polnisch Dziećmorowice.